Di Aldo Cazzullo negli Oscar

Basta piangere!
Le donne erediteranno la terra
Giuro che non avrò più fame
La guerra dei nostri nonni
L'Italia de noantri
L'Italia s'è ridesta
Il mistero di Torino
(con Vittorio Messori)
I ragazzi che volevano fare la rivoluzione
I ragazzi di via Po
Viva l'Italia

ALDO CAZZULLO

GIURO CHE NON AVRÒ PIÙ FAME

L'Italia della Ricostruzione

I edizione Strade blu settembre 2018
I edizione Oscar Absolute settembre 2019

ISBN 978-88-04-71477-4

Questo volume è stato stampato
presso ELCOGRAF S.p.A.
Stabilimento - Cles (TN)
Stampato in Italia. Printed in Italy

oscarmondadori.it

librimondadori.it

INDICE

GIURO CHE NON AVRÒ PIÙ FAME

A mia madre Anna
e a mio padre Giancarlo
che nel dopoguerra italiano
si incontrarono e si amarono

Vi chiedo di dare respiro e credito alla Repubblica d'Italia. Un popolo lavoratore di 47 milioni di donne e di uomini è pronto ad associare la sua opera alla vostra per creare un mondo più giusto e più umano.

Alcide De Gasperi
ai delegati della Conferenza di pace di Parigi

Tanto ci sarà da lavorare in Italia, ma non ci sgomenta. Siamo giovani, l'entusiasmo non ci manca. Lavoreremo e ricostruiremo la nostra vita e non ci sarà gioia più grande.

Enrica al suo papà

Uno

LO SPIRITO DEL NATALE PASSATO

La notte di Natale del 1948, accanto al presepio – l'albero non si usava –, la maggioranza dei bambini italiani trovò come regalo un sacchetto di mandarini. A volte nemmeno quelli. Iva, una bambina di Gallicano in Garfagnana che allora aveva dieci anni e ora ne ha ottanta, ricorda un sacchetto di fichi secchi, ceci, castagne. Sulle Langhe la piccola Anna ebbe una mucca di terracotta piena di caramelle.

Riccardo, sette anni, di Molfetta, ricevette in dono un violino. Pianse e si lamentò: voleva un fucile di legno con il tappo. «Riccardo non è portato per la musica» commentò sconsolato il padre, un medico. Di cognome si chiamava Muti.

A Mariano del Friuli, Dino, sei anni, ebbe una canottiera di lana bianca a coste su cui la madre aveva ricamato in rosso il numero 1: le maglie vere delle squadre di calcio non erano in vendita, e in ogni caso la sua famiglia contadina non se la sarebbe potuta permettere; e lui che sognava di fare il portiere si allenava a parare le prugne che gli tirava la nonna. Trentaquattro anni dopo, la famiglia Zoff avrebbe visto Dino riportare in Italia la Coppa del Mondo.

Avevamo 16 milioni di mine inesplose nei campi. Oggi abbiamo in tasca 65 milioni di telefonini, più di uno a testa, record mondiale.

Solo un italiano su 50 possedeva un'automobile. Oggi sono 37 milioni, oltre uno su due.

Tre famiglie su quattro non avevano il bagno in casa; per lavarsi dovevano uscire in cortile o sul balcone.

L'Italia non esportava tecnologia, ma braccia: minatori in cambio di carbone.

I soldi non valevano più nulla, mangiati dall'inflazione. Gran parte delle famiglie, tranne quelle che si erano arricchite con la borsa nera, erano rovinate. Stava un po' meglio chi aveva investito nelle case; ma due milioni erano andate distrutte nei bombardamenti. Furono ricostruite in pochi anni. Oggi non riusciamo a coprire le buche nelle strade della capitale.

I giornali non pubblicavano diete, ma consigli per alimentarsi con poco: il problema non era dimagrire, era ingrassare.

Eravamo un popolo di contadini poveri. Si faceva il bucato al lavatoio, in piedi, o nei corsi d'acqua, in ginocchio. Cucinavamo con la stufa a legna o a carbone, avevamo difficoltà a conservare i cibi, non avevamo idea di cosa fossero vacanze o weekend.

Non avevamo neppure l'orologio: la vita era scandita dalle campane; ai rintocchi che segnalavano mezzogiorno tutti si fermavano, dicevano l'Angelus in un latino stentato, e da casa partivano le donne a portare il pranzo a chi lavorava nei campi.

Anche in città, per spostarci avevamo la bicicletta, per informarci la radio, per parlare il bar: solo il 7 per cento possedeva un telefono.

Eppure eravamo più felici allora di adesso. Al mattino ci si diceva: «Speriamo che oggi succeda qualcosa». Ora ci si dice: «Speriamo che oggi non succeda nulla».

La ricostruzione è uno dei grandi momenti nella storia d'Italia. Bisognerebbe scriverlo con l'iniziale maiuscola: Ricostruzione. Come il Risorgimento, il Piave, la Resistenza. Momenti di riscossa dopo la caduta, di cui essere orgogliosi. Ma oggi il malumore e il pessimismo sono tali che si parla più dei briganti, di Caporetto, di Salò.

Della Ricostruzione non si parla mai. I giovani cresciuti al tempo della rete non sanno neppure cosa sia. Al più, la si confonde con il boom economico: la 600, la lavatrice, le prime estati al mare, l'Autostrada del Sole. Ma quella è storia di quindici anni dopo.

L'Italia del 1948 era un Paese a pezzi. Avevamo perso la guerra due volte: prima contro gli inglesi, i russi, gli americani; poi contro i tedeschi, che in pochi giorni avevano fatto prigionieri 800 mila nostri soldati. Ci eravamo dilaniati in una sanguinosa guerra interna. Il bilancio finale era spaventoso: 300 mila militari morti, 150 mila civili; in ogni famiglia si era aperto un vuoto, come dopo la Grande Guerra, finita appena trent'anni prima.

Gli italiani avevano sofferto moltissimo. E ancora pativano la fame, il freddo, le malattie (anche se dall'America erano arrivate medicine sconosciute che facevano miracoli: gli antibiotici). Eppure sapevano lavorare e divertirsi. Faticare dodici ore al giorno e uscire la sera a ballare. Appassionarsi alla politica. Sorridere. Guardare al futuro con fiducia, perché sarebbe stato migliore del presente se avessero dato il meglio di se stessi.

Riaprivano i teatri e se ne creavano di nuovi. Macario e Totò reinventano la rivista e restituiscono il gusto di ridere. A Milano Paolo Grassi e Giorgio Strehler ripuliscono le macchie di sangue nelle stanze del Broletto di via Rovello, dove i militi della Muti hanno torturato i resistenti, e ne fanno il Piccolo Teatro.

Rinasceva la grande musica. L'11 maggio 1946 Arturo Toscanini, tornato dall'esilio, inaugura la nuova Scala, ricostruita grazie alle donazioni dei milanesi; una folla enorme si raduna in piazza per ascoltare il concerto dagli altoparlanti. Nell'estate del 1947 esordiscono all'Arena di Verona una ragazza di Pesaro scampata alla poliomielite, Renata Tebaldi, e una giovane greca dalla cui bocca pare uscire la voce di Dio: Maria Callas.

Riaprivano i cinema. I film neorealisti che raccontano la durezza della nostra vita – *Sciuscià, Ladri di biciclette, Paisà* – conquistano il mondo. Altri titoli non sono rimasti nella storia, ma danno l'idea dello spirito del tempo: *Abbasso la miseria!, Il sole sorge ancora, La vita ricomincia, Vivere in pace, Un uomo ritorna*. Non tutti condividono l'ottimismo: nel 1948 Giuseppe Prezzolini pubblica in America il suo libro *L'Italia finisce*. Ovviamente, si sbagliava.

Il primo film che gli italiani e più ancora le italiane andarono a vedere fu *Via col vento*. Girato nel 1939, arrivò da noi solo dopo la guerra. I nostri padri e le nostre madri non erano abituati al suono dell'inglese, così si pensò di tradurre il nome della protagonista, Scarlett. Scarlatta pareva brutto; e fu Rossella. Tante ragazze si appassionarono al film e si dissero: «Se un giorno avrò una figlia, la chiamerò come lei». Si spiega così il boom di Rosselle negli anni Cinquanta e Sessanta (poi venne il momento di Monica, come Monica Vitti, e dopo il Sessantotto di Maddalena, emblema della donna ribelle. Giulia era di là da venire).

Alla fine del primo tempo di *Via col vento*, c'è una scena in cui molte spettatrici si riconobbero. Rossella O'Hara torna nella sua tenuta, a Tara, e la trova distrutta dalla guerra. La madre è morta di tifo, il padre ha perso la ragione, e lei non mangia da giorni. Percorre l'orto desolato, strappa una piantina, ne morde le radici per placare lo stomaco, poi la solleva al cielo e grida: «Giuro davanti a Dio, e Dio m'è testimone, che supererò questo momento. E quando sarà passato non soffrirò mai più la fame, né io né la mia famiglia; dovessi mentire, truffare, rubare o uccidere. Lo giuro davanti a Dio: non soffrirò mai più la fame!».

Ecco, credo che quel giuramento collettivo – giuro che non avrò più fame – l'abbiano fatto un po' tutti i nostri padri e le nostre madri: gli italiani di settant'anni fa. Compresi quelli che non avevano visto *Via col vento*.

Talora si sentono rimpiangere i valori morali di una volta, i princìpi etici di un tempo. Ma sinceramente non credo che dietro lo straordinario slancio dell'Italia del dopoguerra ci fossero ideali collettivi, il bene comune, il senso dello Stato. Il valore era l'individuo, al più la famiglia. Ma c'era, fortissimo, il desiderio di riscatto dalla miseria, dalla paura, dalla fame appunto. La volontà di migliorare la propria condizione, di dare ai figli e ai nipoti un avvenire diverso: una sicurezza, o almeno una chance. E c'era quella irripetibile felicità che viene dal sentimento di andare dal meno al più.

A pagare il prezzo della guerra, come sempre, erano state le donne. Migliaia erano morte sotto i bombardamenti. Migliaia erano state violentate dagli eserciti vincitori e dalle fazioni opposte della guerra civile. Migliaia avevano perso il marito, il padre, i figli. Ma fu proprio dalle donne che venne quella formidabile spinta verso il futuro.

Nel giro di pochi anni, milioni di italiane andarono al voto per decidere del loro destino, lasciarono la campagna per lavorare in fabbrica, si emanciparono poco per volta dalla potestà paterna, dalla violenza dei mariti, dall'egoismo dei figli.

Le donne furono protagoniste della Ricostruzione; di quella materiale e di quella morale. Della Ricostruzione incarnarono lo spirito. Lo dimostrano due lettere, scritte da due ragazze che militarono su fronti opposti.

Anna Enrica Filippini-Lera era un'antifascista. Rinchiusa a Regina Coeli, deportata in Germania, liberata dagli americani quando ormai stava morendo di fame. Per prima cosa Anna Enrica scrive al padre, mentendo per tranquillizzarlo: «Babbino caro, non essere in pensiero per me, ho superato la prova del carcere brillantemente, il fisico è buono...». Poi però si fa sincera: «Il morale è altissimo. Presto ritorneremo e potrò riprendere il mio lavoro. Tanto ci sarà da lavorare in Italia, ma non ci sgomenta. Siamo giovani, l'entusiasmo non ci manca. Lavoreremo e ricostruiremo la nostra vita e non ci sarà gioia più grande».

Entusiasmo viene dal greco *en theós*: avere un dio dentro.

Anna Maria Marucelli era la madrina di guerra di Franco Leo, ufficiale italiano orgogliosamente fascista, rimasto tale anche da prigioniero degli inglesi, nel campo di Yol, in India, da dove scriveva lettere piene di sconforto sull'«onore prostituito» della patria. Anna Maria lo incoraggia così: «Ormai le recriminazioni sono inutili. Oggi bisogna solo pensare a ricostruire, a riparare tutto il malfatto, rifacendoci un nuovo spirito, più onesto verso noi stessi e verso gli altri».

Anna Enrica era fidanzata con un soldato, Paolo Buffa, che aveva combattuto nell'esercito inglese. Dopo il 25 aprile lui si fece dare una jeep, andò in Baviera alla ricerca della sua donna, la trovò alle porte del campo di Aichach, la riportò a casa. E la sposò. Anna Enrica ha vissuto più di cento anni.

Franco Leo rientrò dall'India solo alla fine del 1946. Come prima cosa andò a conoscere Anna Maria, la ragazza che lo confortava con le sue lettere. È una storia che racconta Giovanni De Luna nel suo bel libro *La Repubblica inquieta* (Feltrinelli). Spesso dalla corrispondenza nasceva un sentimento. Scrivere lettere a un soldato in guerra significava affidare alle Poste e al caso un messaggio in bottiglia, e attendere a lungo poche righe di risposta giunte dall'altro capo del mondo; non era come scrivere via WhatsApp la prima cosa che ci passa per la testa. Anche su WhatsApp nascono gli amori, certo. A volte duraturi, più spesso fragili. Franco e Anna Maria si sposarono nel 1948, ad Assisi, nella basilica di San Francesco, si trasferirono a Milano, ebbero due figli, passarono insieme il resto della loro vita.

Avevano fame anche gli italiani destinati a diventare ricchi, potenti, famosi. A Roma si sparse la voce che alla stazione Tiburtina c'era un carico di farina incustodito; un ragazzo di vent'anni arrivò di corsa, fece a spintoni con gli altri, riuscì a portarne a casa un sacco con cui la madre fece il pane per sfamare la famiglia. Si chiamava Cesare Romiti, ed era destinato a salvare la Fiat, quando a Mirafiori lavoravano ancora 55 mila operai.

Anche Giovanni Baudo, avvocato cattolico, nella Sicilia affamata dalla guerra si procurò dieci chili di farina: fu preso dai fascisti e arrestato. Quando gli americani entrarono a Militello, chiesero se ci fosse qualche antifascista: tutti indicarono l'avvocato Baudo, che era stato in galera, e venne così nominato presidente del comitato d'epurazione. Fu clemente con tutti, in particolare con i compaesani. Il figlio Giuseppe ricorda ancora quando arrivò in casa il profumo del dopoguerra: gallette, gomma americana, caramelle e carne in scatola.

Pippo Baudo non poteva immaginare che sarebbe diventato il rivale e l'erede di un ragazzo un poco più grande, nato a New York e sopravvissuto a San Vittore, dov'era stato prigioniero dei nazisti: Mike Bongiorno. Nell'attesa, Pippo divenne amico di un ragazzino di Foggia, forse la città italiana più provata dai bombardamenti, che aveva cantato le sue prime canzoni in pubblico nei rifugi antiaerei: Renzo Arbore. Qualche anno dopo, Arbore e Baudo andarono insieme a trovare un personaggio amatissimo in quell'Italia povera e religiosa: Padre Pio, che grazie anche agli aiuti di Fiorello La Guardia, sindaco di New York, stava costruendo un grande ospedale, la Casa Sollievo della Sofferenza. «Il mio amico deve fare l'avvocato o l'artista?» chiese Renzo. «Facisse 'cchi vole!» rispose il santo, e li cacciò in malo modo.

Trapattoni invece è il quinto e ultimo figlio di un contadino bergamasco, che aveva trovato lavoro in fabbrica ma allevava ancora il maiale; quando lo uccideva passava la vescica ai suoi ragazzi, Antonio e Giovanni, che la riempivano di stracci e ne ricavavano una palla con cui giocavano tutto il giorno. Il più dotato era Antonio; però fu mandato a lavorare in tipografia. A 14 anni lo raggiunse Giovanni, ma scappò subito, per diventare campione. Antonio Trapattoni ha fatto il tipografo tutta la vita. Ogni mattina prende il caffè con il fratello miliardario, e non glielo rinfaccia mai.

Nel 1948 Angelo Gaja aveva otto anni. Lo misero al lavoro nella vigna: Gino, il capo della vendemmia, gli insegnò a zappare, concimare, innestare, dare il verderame. Per spronarlo gli gridava: «Svegliati, se il pane avesse due dita di gambe moriresti di fame!». Ora i vini di quel bambino sono considerati i migliori del mondo.

Andrea Camilleri prese la sua ultima sbornia il primo maggio 1947. Il padre era fascista, aveva fatto la marcia su Roma, aveva modi da ardito, e a lui il figlio si sarebbe ispirato per inventare il personaggio del commissario Montalbano. Il giovane Andrea però era comunista. Quel giorno celebrò con i compagni la vittoria del Pci alle amministrative siciliane. La sera gli arrivò la notizia che a Portella della Ginestra i banditi, al soldo dei mafiosi, avevano sparato sui braccianti: undici morti, trenta feriti. Camilleri passò la notte a vomitare. Da allora non ha più toccato un goccio di vino.

Nel 1947 in Sicilia c'era anche un giovane fiorentino, Franco Zeffirelli, venuto come aiuto-regista di Luchino Visconti a girare *La terra trema*. Nei suoi ricordi, la Sicilia del dopoguerra era «di una povertà medievale»:

21.852 famiglie vivevano in grotte e baracche; acqua corrente e luce elettrica erano cose da ricchi. Visconti però prendeva il bagno caldo due volte al giorno, la mattina e la sera, nell'acqua profumata con un'essenza della Penhaligon's, *Hammam Bouquet*; Zeffirelli e l'altro assistente, Francesco Rosi, restavano in piedi accanto alla tinozza, a prendere ordini.

Anche nel Mezzogiorno la Ricostruzione è stata un periodo grandioso, per certi aspetti epico, di riscatto da una miseria secolare. Nel 1948 il divario tra il Sud e il Nord era più ampio di oggi: la Lombardia da sola aveva un quarto del reddito nazionale; la Basilicata lo 0,7 per cento, la Sardegna l'1,7. Un meridionale su quattro era analfabeta, in Calabria quasi uno su tre. Ricordarlo oggi non è motivo di vergogna, ma di orgoglio.

Un giovane inviato, Giorgio Bocca, va a Partinico, terra di banditi, e scopre che non esistono lavatoi, né bagni pubblici, né fogne; l'immondizia è abbandonata per strada in mucchi coperti da mosche; ci sarebbero 40 spazzini, ma sono al servizio dei notabili, non della gente. Dei cinquemila ragazzi, quasi la metà non ha mai visto un insegnante; nel solo quartiere della Madonna 171 persone sono state carcerate o uccise; gli abitanti hanno fatto più anni di prigione, 714, che di scuola. Bocca, mai tenero con il Sud, riconosce che «qui nessuno farebbe il fuorilegge se avesse un'opportunità di lavorare. La controprova viene da una polveriera abbandonata: per mesi la gente ci ha lavorato a togliere l'esplosivo dei proiettili per vendere il rame dei bossoli, finché un giorno un'esplosione ha fatto 23 morti. L'ospedale ha 28 letti ma deve servire anche Balestrate, Borgetto, Trappeto, Giardinello, Montelepre, il paese di Giuliano; non esiste ambulatorio ostetrico, la mortalità infantile è del 9 per cento».

In provincia di Matera andava anche peggio: più di un neonato su dieci moriva; molti superstiti erano minati dal rachitismo e dalla tubercolosi. I Sassi non erano un'attrazione per turisti americani colti, ma grotte dove i contadini convivevano con i loro animali. Quando andò a visitarli, De Gasperi pianse, pensando all'immenso lavoro che lo attendeva per fare dell'Italia – e in particolare di quella terra tanto bella e tanto misera in cui lui, nato suddito dell'imperatore asburgico, non era mai stato – un Paese moderno.

Oggi noi italiani ci assomigliamo tra noi più di quel che pensiamo. La tv ci ha insegnato a parlare la stessa lingua. Ormai ci siamo mescolati: a Torino, a Milano, a Roma almeno metà della popolazione ha sangue del Sud nelle vene. In quattro ore si va in treno da Milano a Napoli, e si mugugna per dieci minuti di ritardo.

Settant'anni fa, i treni non avevano orari. Si andava in stazione per mettersi in coda e aspettare il convoglio giusto. Nell'attesa la gente discuteva, si conosceva, si ritrovava. Ci si raccontava l'un l'altro come si era sopravvissuti alla guerra. Accadeva che genitori riabbracciassero figli che credevano morti. Riscoprirsi era più difficile che su Facebook, ma certo molto più emozionante.

I treni andavano a passo d'uomo. Si potevano prendere al volo, come Fantozzi tenta di fare con il tram quando è in ritardo per l'ufficio. Quasi la metà delle stazioni era stata distrutta dai bombardamenti. Sull'Italia erano cadute più di un milione di bombe, centomila erano inesplose: la guerra continuò a ferire e a uccidere per anni.

La maggioranza degli italiani nasceva e moriva nello stesso posto. Il fascismo aveva proibito di cambiare città senza autorizzazione. Il Paese era più lungo, in un certo senso più grande, diffuso, frammentato rispetto a oggi.

Gli italiani invece erano più piccoli; in media di almeno dieci centimetri. Su 12 milioni di famiglie, oltre tre milioni mangiavano carne solo una volta alla settimana; più di quattro milioni non la mangiavano mai.

Era un Paese violento: rapine, furti, omicidi aumentarono di cinque volte rispetto al 1939, ultimo anno di pace; senza considerare le vendette partigiane seguite al 25 aprile. Nacquero riviste – una si chiamava Crimen – specializzate nel raccontare delitti; anche perché sui giornali, al tempo del Duce, la cronaca nera non c'era. Fu un tempo duro, a volte spietato; eppure percorso da un'allegria di naufraghi, da quel misto di sollievo e di euforia che viene dall'essere sopravvissuti alla tempesta.

Molti italiani erano scampati davvero per miracolo. A Colfiorito, in Umbria, Quinto Pietrarelli era stato messo al muro con decine di compaesani: i soldati tedeschi dovevano fucilarli per vendicare un camerata trovato morto nel fiume, avevano già caricato le armi, quando da dietro le case sbucò il cannone di un carro armato. «Amerikani!» urlò un tenente. Gli altri gettarono i fucili e fuggirono. A Sassuolo, in Emilia, una donna che stava per essere giustiziata gridò che a casa la attendeva un neonato: sarebbe morto, se lei non fosse tornata ad allattarlo. Un tedesco la spogliò davanti a tutto il paese, le strizzò il seno, vide che usciva il latte: segno che la donna diceva la verità, e andava mandata libera.

A Milano una giovane ebrea si nascondeva sotto falso nome – «ci fu un tempo in cui io non ero io» – in un palazzo di via Mozart semidistrutto dalle bombe. Vennero i nazisti, lei riuscì a fuggire; la sua vicina, un'altra giovane ebrea che si era appena sposata, fu presa e portata ad Auschwitz; non è mai tornata. La ragazza superstite si chiamava Franca Valeri.

Nelle colline sopra Asti, Paolo Conte bambino ascoltò la telefonata con cui la donna delle pulizie fu avvertita che i suoi cinque figli erano stati fucilati dai nazisti: «Chiese solo se avevano sofferto. Una cosa orribile». Forse per esorcizzarla, anni dopo scriverà la più bella canzone italiana sul dopoguerra:

Bionda non guardar dal finestrino
che c'è un paesaggio che non va
è appena finito il temporale
sei case su dieci sono andate giù.
Meglio che tu apri la capotte
e con i tuoi occhioni guardi in su
béviti sto cielo azzurro e alto
che sembra di smalto e corre con noi.
Sulla Topolino amaranto
si va che è un incanto
nel Quarantasei...

Non tutti potevano festeggiare lo scampato pericolo. Oltre trecentomila profughi istriani e dalmati fuggivano l'esercito di Tito, che aveva scaraventato nelle foibe migliaia di italiani colpevoli solo di essere tali. Molti vennero accolti a sassate e perseguitati anche in patria. Come ha detto uno di loro, destinato a diventare il nostro più grande pugile, Nino Benvenuti: «Ci chiamavano fascisti, eravamo italiani».

Per i reduci tornare dopo anni, rivedere volti cari ma non più familiari, poteva essere bello ma anche duro, straniante. Come ha scritto Mario Rigoni Stern, che aveva combattuto in Russia, «chi era stato dalla parte dei fascisti si rintanava in casa e non aveva il coraggio di uscire; quelli che erano stati partigiani passavano cantando per il paese con fazzoletti rossi verdi attorno al collo; e quelli che ritornavano dalla prigionia sedevano in silenzio sull'uscio di casa, a fumar sigarette e a guardare il volo degli uccelli».

Centinaia di migliaia, in effetti, rientravano a casa dalla prigionia. Molti dal Sud Africa, dal Kenya, dall'India, dove avevano passato anni nelle mani degli inglesi. Ancora di più erano stati nei campi tedeschi, dove in centomila erano morti di fame e di stenti. Tra loro c'era Giovanni Guareschi, uomo di destra che aveva rifiutato di andare a Salò a combattere per Hitler e Mussolini, lasciando scritto nel suo diario: «Non muoio neanche se mi ammazzano». E c'era Alessandro Natta, futuro segretario del partito comunista: dovette attendere mezzo secolo per pubblicare le sue memorie, intitolate *L'altra Resistenza*. Prigionieri in Germania furono pure i padri di Al Bano Carrisi e di Antonio Di Pietro. E Vasco Rossi si chiama come un amico del padre Giovanni Carlo, che lo salvò tirandolo fuori da una buca durante il bombardamento del campo vicino a Dortmund.

A lungo il loro sacrificio non venne riconosciuto. Non servivano a nessuno: non ai comunisti, perché erano militari e non partigiani di sinistra; non ai democristiani, alleati della nuova Germania; non all'esercito, perché ricordavano il disastro dell'8 settembre. Li chiamarono con una sigla burocratica, Imi, Internati militari italiani, e per troppo tempo ci si è dimenticati di loro.

Qualche anno dopo, nel 1951, un altro esodo arrivò dal Nord-Est, stavolta dal Polesine allagato da una disastrosa piena del Po. I veneti allora non erano tra i più ricchi d'Europa come oggi; erano ancora un popolo di emigranti.

Eppure un Paese così provato seppe rimettersi in moto con una rapidità impressionante. La produzione industriale, che sotto i bombardamenti era crollata del 75 per cento, alla fine del 1948 era tornata la stessa di prima della guerra; e avrebbe continuato a crescere a ritmi eguagliati mezzo secolo dopo solo dalle tigri asiatiche.

I cinesi eravamo noi.

In pochi anni si ricostruirono le case e le città distrutte. Si fece in fretta, nel disordine, a volte male. Non c'era l'attenzione di oggi all'ambiente: sorsero ciminiere in città, raffinerie accanto ai porti, acciaierie in riva al mare. Ma quel giuramento venne rispettato: gli italiani non avrebbero mai più avuto fame.

A ogni buon conto, non buttavano via niente; si mangiava tutto con il pane, anche i dolci, per riempirsi a dovere: la pagnotta del giorno prima diventava zuppa o pangrattato; e se proprio nella dispensa era rimasto un pezzetto tanto secco da essere inutilizzabile, prima di gettarlo lo si baciava, come a chiedere perdono per un sacrilegio.

Il cibo era un'ossessione. Ancora negli anni Sessanta, le nostre nonne cucinavano tutto il giorno: avevano conosciuto la fame, non volevano che i nipoti dovessero ripetere l'esperienza; se non ripulivi il piatto, le sentivi mormorare: «Ti ci vorrebbe un po' di guerra...». I padri invece ripetevano che dovevamo studiare, per farci «una posizione», e contribuire alla crescita economica, sociale, culturale della famiglia e anche del Paese. (Non a caso sul citofono di casa si scriveva con orgoglio il titolo di studio: ragioniere, geometra.) Noi cinquantenni abbiamo invece la preoccupazione che i nostri figli siano felici, o comunque che non debbano soffrire; forse anche per questo i ragazzi italiani non sono sempre attrezzati ad affrontare le difficoltà che hanno davanti.

A maggior ragione è utile ritrovare lo spirito del Natale della Ricostruzione. Quella volontà di rinascita che un grande scrittore, Dino Buzzati, restituiva così: «Dopo cinque anni di pausa, domani viene offerta una eccezionale occasione. Dopo cinque lunghi anni lo spirito del vecchio Natale sarà di nuovo tra noi, un po' dappertutto, questa antica favola che non si consuma mai ... Non bisognerà stringere i denti, domani, per essere buoni, perdonare non costerà più fatica, né sorridere ai molti difetti della nostra esistenza; perfino la miseria e il dolore, con minimo nostro sforzo, si circonderanno in qualche modo di luce».

Due

LO SPIRITO DEL NATALE PRESENTE

Anche oggi l'Italia è un Paese da ricostruire. Dieci anni di crisi hanno seminato meno morti ma più scoramento che cinque anni di guerra mondiale.

Abbiamo infinitamente più cose di allora, non riusciamo neppure a concepire una vita come quella del 1948, senza smartphone tv automobile; ma siamo anche più depressi.

Siamo il Paese occidentale che fa meno figli, perché non abbiamo più fiducia in noi stessi e nel futuro. In compenso abbiamo umanizzato cani e gatti, li chiamiamo con nomi da cristiani, festeggiamo il loro compleanno, li riempiamo di doni, vestiti, leccornie, talora collari tempestati di gioielli. Poi ci meravigliamo se gli africani poveri prendono il mare verso le nostre coste.

L'Italia del Natale 2018 è un Paese di cattivo umore. Anche se i nipoti spenderanno in regali cento volte più di quanto avevano speso i nonni del 1948, sono convinti di essere più sfortunati di loro. È quasi un mantra: «Sta crescendo la prima generazione che sarà più povera dei padri...». Come se i nostri padri avessero avuto la vita facile.

L'Italia del 2018 è un Paese ancora ricco che si è convinto di essere povero. Il debito pubblico è enorme (oltre 2300 miliardi di euro), ma il risparmio privato è ancora più grande: quasi tremila miliardi di euro tra azioni, obbligazioni, titoli di Stato; cui vanno aggiunti 1300 miliardi di depositi bancari. L'83 per cento degli italiani è proprietario della casa in cui vive: record mondiale. Il convento è povero, ma i frati sono ricchi. Infatti, secondo i dati del Credit Suisse, le famiglie italiane sono in media le terze più facoltose al mondo, dietro a quelle australiane e belghe, davanti a francesi e inglesi; le famiglie svizzere sono soltanto settime.

Questi dati però non ci devono trarre in inganno. E non solo perché la ricchezza è mal distribuita, la lunga recessione ha duramente provato il Paese, la povertà è in aumento.

Il problema più grande, da cui derivano tutti gli altri, è che la ricchezza in Italia non viene più prodotta, ma estratta. Il lavoro è tassato molto più della rendita; e troppi italiani campano di rendita. Come il professore in pensione dell'università di Venezia, con tavolo fisso a pranzo e a cena all'Harry's Bar, che affittava il suo locale per 10 mila euro al mese a uno speculatore cinese, che lo subaffittava per 20 mila a un cuoco egiziano, che faceva pagare cento euro una bistecca ai turisti giapponesi. E quando ho scritto questa storia sul Corriere, indicandola come segno di decadenza, sono stato sepolto di lettere e mail di lettori che difendevano il professore: se hai un immobile di proprietà, che male c'è a farci un po' di soldi senza muovere un dito?

Per carità: nulla di male. Anche nella Venezia del Settecento la ricchezza non veniva più prodotta, con il rischio delle grandi spedizioni commerciali verso Oriente, ma estratta: dagli immobili, dai dazi, dalle rendite. I patrizi veneziani non erano mai stati più felici, le loro feste erano sfarzose, i loro Carnevali attraevano viaggiatori da tutto il mondo. Però poi arrivò Napoleone, i nobili si arresero senza sparare un colpo, e la Serenissima sedotta e abbandonata divenne una provincia dell'Impero asburgico.

L'Italia di oggi rischia la stessa fine. Diventare una grande Venezia: la vetrina del mondo. Un posto dove è bello e dolce passare qualche giorno, mangiare bene, bere meglio, visitare musei e chiese di commovente bellezza; e poi ripartire verso i luoghi in cui il futuro viene progettato, il potere esercitato, la ricchezza creata e distribuita. Una buona metafora è la Banca d'Italia: un tempo preziosa fucina di élite, da cui uscivano i Carli e i Ciampi, e da ultimo Draghi; oggi non molto più di un gigantesco caveau, che custodisce gelosamente, come fossero sue, 2500 tonnellate d'oro, per un valore di quasi 100 miliardi di euro.

Certo, ci sono molte eccezioni. Il nuovo triangolo industriale è Bergamo-Brescia-Belluno: gli occhiali ad Agordo, la termomeccanica a Padova, la meccanica strumentale a Vicenza, e poi la Valle del Cibo emiliana e l'incredibile boom del prosecco. Ci sono nicchie di eccellenza tecnologica di cui essere orgogliosi, a volte nascoste in paesi che non abbiamo mai sentito nominare. A Calci, seimila abitanti tra Lucca e Pisa, la Medical Microinstruments ha raccolto milioni da investitori americani per costruire il più piccolo robot per la microchirurgia: un braccio meccanico di tre millimetri, capace di interventi impossibili per un essere umano.

In altri angoli dell'immensa provincia italiana, da sempre serbatoio di energie e intelligenze, nascono dal nulla imprese che esportano nel mondo. Nerio Alessandri ha inventato le macchine per il fitness, Brunello Cucinelli ha fatto di un borgo diroccato la città del cachemire, il caffè di Riccardo e Andrea Illy si beve in India e in Cina, Oscar Farinetti ha creato Eataly (pagando un prezzo altissimo all'odio e all'invidia sociale, diffusi come non mai). Ma sono eccezioni che confermano la regola.

L'Italia del 2018 è un Paese che non rischia, non investe, non consuma, perché non crede in se stesso e nell'avvenire. Così paradossalmente gli italiani stanno accumulando denaro, mentre l'economia langue.

Molte delle grandi aziende che furono protagoniste della Ricostruzione e del boom economico, dall'Olivetti alla Montecatini, non esistono più. La Pirelli è dei cinesi, la Fiat è una multinazionale con sede ad Amsterdam. Molti grandi marchi della moda e del lusso sono francesi. Quando finirà la lunga storia di Leonardo Del Vecchio – dall'orfanotrofio a 20 mila dipendenti – diventerà francese anche la Luxottica. Gli ultimi leoni del capitalismo italiano non hanno eredi: a oltre ottant'anni Luciano Benetton ha voluto e dovuto riprendere il timone dell'azienda.

Molti giovani non hanno fiducia nel loro Paese, e il loro Paese non ha fiducia in loro. L'Italia investe troppo poco nelle cose per cui è importante: la cultura, l'arte, la bellezza, lo spettacolo, la ricerca. Il risultato è che migliaia di laureati, formati con il denaro pubblico, vanno a esercitare il loro talento all'estero.

Anche all'estero c'è un'enorme forbice tra ricchezza e lavoro: i soldi si fanno con altri soldi, e il lavoro sembra essere diventato una zavorra; se un'azienda licenzia, le sue quotazioni in Borsa saliranno, i suoi azionisti si arricchiranno. È uno dei grandi mali del nostro tempo. Ma solo in Italia c'è una distanza altrettanto larga tra ricchezza e cultura: molte persone ricche non hanno cultura e non sono interessate ad averla; molte persone colte sono povere, non tanto di soldi, che vanno e vengono, quanto di opportunità.

Invano, però, si cercherebbe in molti italiani di oggi lo spirito di sacrificio di cui furono capaci i nostri antenati, non tanto tempo fa. Il lavoro manuale è considerato disdicevole: anche in città dove la disoccupazione giovanile supera il 50 per cento, se ci si affaccia nella cucina dei ristoranti si vedrà che la pizza la fa l'egiziano, la porta in tavola l'albanese, e i piatti li lava il marocchino; magari pagati in nero. Figurarsi a Trebaseleghe, nel Padovano, dove il secondo stampatore d'Europa, Fabio Franceschi di Grafica Veneta, cerca da mesi 25 operai: offre auto aziendale, barbiere, massaggiatore, psicologo; ma nessuno vuole fare il turno di notte.

Non è solo questione di spirito di sacrificio. Il tempo della rete è il tempo del narcisismo, della fatuità, dell'effimero: fashion blogger, inventori di videogame, scrittori di ministorie pubblicitarie per smartphone; start-up tutte uguali, che consistono nel far incontrare attraverso Internet il dog-sitter e il proprietario di cani, il rosticciere cinese e il goloso di dim-sum, l'animatore e la mamma che festeggia il compleanno del pargolo. Tutto molto smart, cool, trendy. Nel frattempo però si sta perdendo il gusto del lavoro ben fatto, dei mestieri d'arte, del talento delle piccole cose; è più gratificante, o almeno più facile, sputare veleno su tutto e tutti in rete, in attesa del reddito di cittadinanza.

Siamo l'unico Paese in cui la parola «ignoranza» ha una valenza positiva: è «ignorante» il pane genuino, il cibo sano; e una volta ho sentito un commesso definire «ignorante» pure una giacca che stranamente mi stava bene.

Si va facendo strada l'idea pericolosissima per cui studiare non serve a nulla. Chi ha una competenza, una storia, un curriculum è iscritto d'ufficio all'establishment, alla casta. E la politica alimenta e collega i malcontenti, facendo promesse impossibili – abolire le tasse, dare 780 euro a tutti in cambio di nulla – con cui però si vincono le elezioni.

Quelle del 2018 sono state un terremoto. Un tornante della storia. Ma anche settant'anni fa gli italiani furono chiamati a prendere decisioni storiche. Forse ancora più cruciali; perché bisognava scegliere se stare con i sovietici o gli americani, con il Papa o contro il Papa, per la proprietà privata o per quella statale. Il mondo era diviso in due, e noi dovevamo stabilire il nostro posto. E in quella battaglia scesero in campo alcune tra le personalità più formidabili del secolo scorso.

Tre

IL 18 APRILE

La grande vittoria della libertà

Circola una leggenda nera sul 18 aprile 1948. Le elezioni più importanti della nostra storia sarebbero state decise dalle Madonne pellegrine, dai Cristi piangenti, dalla paura del castigo divino. E poi le processioni, le maledizioni contro i miscredenti, padre Lombardi «microfono di Dio», la furia dei comitati civici, insomma una crociata reazionaria che avrebbe spaventato e precipitato in un mistico terrore un popolo di ignoranti facilmente impressionabili.

È una leggenda diffusa dai vinti, che però mantennero a lungo l'egemonia sulla cultura italiana. E si tratta di una leggenda falsa.

Gli italiani non erano così ottusi e manipolabili come vengono presentati. Sapevano benissimo di essere chiamati a una scelta fondamentale per il loro futuro. E fecero quella giusta, o almeno inevitabile. Premessa per il benessere che era ancora di là da venire.

Il 18 aprile finì davvero la guerra civile. Gli italiani decisero che sarebbe stata la Democrazia cristiana con i suoi alleati a guidare la Ricostruzione. Votarono per la libertà di pensiero, di stampa, di impresa.

Va detto però che fu una scelta necessitata, quindi non pienamente libera. Se avessero vinto i comunisti, sarebbero arrivati i carri armati americani? È un dibattito ozioso che dura da decenni. La risposta è ovvia. Gli americani non avevano neanche bisogno di arrivare, perché c'erano già. In Italia era giunta la Quinta Armata, e gli americani dopo aver sconfitto i tedeschi non avrebbero mai consentito ai russi di godere il frutto dei loro sacrifici. L'Europa era stata divisa a Jalta, e l'Italia stava da questa parte della cortina di ferro; Stalin per primo non aveva interesse a violare quell'accordo, e infatti non aveva mosso un dito per aiutare i comunisti greci, sconfitti e massacrati in una spaventosa guerra civile.

Il voto del 18 aprile evitò al Paese questi rischi. E paradossalmente consentì la nascita del mito del comunismo italiano, presentato come «diverso» mentre in tutto l'Est europeo da Budapest a Praga, da Varsavia a Sofia i comunisti prendevano il potere con la forza. Nello stesso tempo, l'Italia rimase un Paese a sovranità limitata. Gravato di servitù militari a vantaggio del vincitore, che tuttora se ne serve mantenendo sul nostro territorio soldati, aerei, missili, testate nucleari. Oggi la penisola resta una base importante, vista la sua posizione nel Mediterraneo, protesa verso il Medio Oriente. Ma per oltre mezzo secolo fu strategica: la linea di frontiera della guerra fredda tra americani e russi. Questo comportò qualche vantaggio ma anche gravi violazioni di sovranità, operazioni dei servizi segreti, attentati di terroristi a volte manovrati.

Il 18 aprile 1948 i nostri padri non potevano sapere tutto questo. Fu il culmine di uno scontro drammatico. Una giornata di grandi passioni. Di festa per la democrazia, ma anche di cocente delusione per un'Italia destinata a passare la vita all'opposizione. E a morire democristiana.

Il Pastore Angelico contro Baffone

Il primo gennaio 1948 entra in vigore la Costituzione repubblicana, votata da comunisti e democristiani, socialisti e liberali; ma lo spirito di unità costituzionale è già in frantumi. Comincia la battaglia.

Pietro Nenni, capo del partito socialista – cresciuto in orfanotrofio, compagno di gioventù di Mussolini, esule in Francia, combattente in Spagna, incarcerato dai nazisti, una figlia, Vittoria, morta ad Auschwitz – scrive sull'Avanti! che bisogna «adeguare il 1948 al 1848», l'anno della rivoluzione. La Dc risponde alla sfida: «Come un secolo fa, il Paese si troverà a una svolta decisiva».

La Democrazia cristiana non è affatto certa di vincere. A sinistra comunisti e socialisti si sono uniti nel Fronte popolare, mentre i conservatori sono divisi. Alle amministrative del 1947 in Sicilia il Fronte ha superato il 30 per cento; la Dc si è fermata al 20, con i liberali al 15 e i monarchici al 10. Dopo quei risultati De Gasperi ha cacciato Togliatti e Nenni dal governo.

In realtà, la lista unica di sinistra non è una buona idea. Alcuni leader socialisti, guidati da Giuseppe Saragat, hanno rifiutato l'alleanza e fondato un nuovo partito. Altri sono rimasti ma temono di essere schiacciati dal Pci: tra loro si distingue un ligure spigoloso e coraggioso, medaglia d'argento al valor militare nella Grande Guerra, 14 anni nelle carceri fasciste,

Sandro Pertini. Il Fronte però ha il sostegno di artisti di grande prestigio come Vittorio De Sica, Luchino Visconti, Paolo Grassi, Giorgio Strehler, scrittori come Giorgio Bassani, Umberto Saba, Alba de Céspedes, Sibilla Aleramo, Corrado Alvaro, Salvatore Quasimodo, pittori come Alberto Savinio, Carlo Levi, Mario Mafai, Toti Scialoja e ovviamente Renato Guttuso, che raffigurerà i capi comunisti come guerriglieri garibaldini che mettono in fuga i nemici. Garibaldi sarà il simbolo del Fronte. Un giovane comunista di Sassari guida le Avanguardie garibaldine, ragazzi che percorrono in corteo le città con il fazzoletto rosso al collo: il suo nome è Enrico Berlinguer.

Sono pochi gli intellettuali controcorrente, tra loro un poeta che il 6 marzo scrive al Popolo: «Voto, ho votato e voterò Scudo crociato. Giuseppe Ungaretti».

Ma il vero capo della campagna dc è il Papa. Per Natale ha già fatto sapere alla città eterna che «la lotta è tra due opposti schieramenti: o con Cristo o contro Cristo; o per la sua Chiesa, o contro la sua Chiesa. Destatevi, o romani. L'ora è sonata».

Sono parole che rilette oggi suonano enfatiche; però non sono immotivate. Dove stanno rafforzando i loro regimi, compresa la cattolicissima Polonia, i comunisti si liberano dei preti mettendoli in carcere, quando non al muro. Ma l'anatema del Papa si rifrange in mille echi, a volte convincenti, a volte retorici, talora grotteschi.

Parte subito forte padre Riccardo Lombardi, il gesuita che predica alla radio: «Il Papa ha parlato. Guai a chi nella scelta non si pronuncia con Cristo. Egli è contro Cristo; e Cristo lo atterrerà». L'arcivescovo di Milano Ildefonso Schuster comunica ai sacerdoti della più grande diocesi d'Europa che non potranno assolvere i comunisti rei confessi. Altri cardinali vanno oltre e stabiliscono che «dopo morte non possono avere le esequie cristiane, né essere sepolti nel Camposanto, sotto il segno della Croce». Il vescovo di Livorno indice una serie di litanie e messe cantate per la vittoria della Dc, con turni di adorazione notturna. La raffinata rivista dei gesuiti, La Civiltà Cattolica, avverte che è l'ora di una nuova battaglia di Lepanto contro gli infedeli. Si attrezzano carri-cinema che proiettano nelle piazze *Pastor Angelicus*, il film che esalta le gesta di Pio XII.

Va riconosciuto che il prestigio della Chiesa non è mai stato così forte. Quando le bombe sono cadute su Roma e hanno distrutto la basilica di San Lorenzo, il Duce è rimasto rintanato a palazzo; figuriamoci il re; il Papa invece è andato a benedire la folla. Nel tempo terribile dell'occupazione, gli italiani hanno guardato al Vaticano, al vescovo, al parroco come alle uniche autorità rimaste. E ora il mondo cattolico getta sulla bilancia il proprio peso, anche organizzativo.

Ai primi di febbraio Pio XII riceve un medico quarantenne, anticomunista se ce n'è uno, già presidente dei giovani dell'Azione cattolica durante il fascismo. Lo informa che la situazione è grave: la Dc ha 800 mila iscritti, il partito comunista 2 milioni e 300 mila, tre volte di più; bisogna muoversi, risvegliare gli ignavi, motivare gli indecisi. Il Papa lo guarda dritto negli occhi: «Lei, Gedda, non aveva un progetto per istituire comitati civici a sostegno della Democrazia cristiana?».

Luigi Gedda impazzisce dalla gioia e si getta a capofitto nell'impresa: in un mese e mezzo riesce a costruire una macchina da guerra. Lo aiutano pure Eduardo De Filippo, che per i comitati civici gira un breve film, *Considerazioni di Eduardo*, e un giovane attore romano di sicuro avvenire, Alberto Sordi. Si fa il censimento di anziani, malati, disabili da portare alle urne, se necessario a braccia. Si stampano volantini con slogan essenziali: «Coniglio chi non vota»; «Sei senza cervello? Vota falce e martello». L'astensionista è un disertore, peggio, «un apostata». L'effigie di Garibaldi, capovolta, diventa il profilo baffuto di Stalin; e fanno quasi tenerezza i militanti del Fronte che tentano di convincere le vecchiette più sprovvedute che Garibaldi in realtà è san Giuseppe, «e chi lo vota va in paradiso».

A Roma, davanti all'Altare della Patria, viene eretto un tabellone alto 15 metri per affiggere un gigantesco manifesto in cui il dittatore sovietico calpesta il milite ignoto, che riposa lì accanto. Si distingue tra i disegnatori un giovane di destra, Benito Jacovitti. Ma lo slogan più indovinato lo conia il grande Guareschi: «Nella cabina elettorale Dio ti vede, Stalin no». Proprio nel marzo 1948 esce il primo romanzo di una saga destinata a restare nel nostro immaginario, don Camillo e Peppone. Non tutti i preti hanno l'umanità del personaggio interpretato da Fernandel: ad Agugliano, Ancona, il parroco va dal segretario comunista a dirgli di aver sognato sua figlia, morta a quattro anni, che sarà dannata se i genitori non si ravvedranno e non voteranno Dc.

Ci si affida alla Madonna, in particolare alla *Peregrinatio Mariae*: quattro riproduzioni della statua miracolosa di Notre Dame de Boulogne, dopo aver girato per anni la Francia, percorrono ora la penisola. Il settimanale della diocesi di Varese la accoglie così: «Oggi, di fronte all'Ora di Satana, si è iniziata mirabilmente l'Ora di Maria. La Vergine sacra, Madre di Dio e Madre nostra, passa col suo venerato simulacro di trionfo in trionfo». Quando passa da Livorno, però, i portuali la salutano a pugno chiuso.

La settimana santa, dal 21 al 28 marzo, cade in piena campagna elettorale. La militanza religiosa trascende nel parossismo, e risveglia antiche superstizioni anche nell'animo dei non credenti. I preti rifiutano di benedire le case dei comunisti; qualcuno – come don Giovanni Prosdocimi, parroco di Monselice – si presta anche a maledirle. A Solesino, Padova, don Ugo Giacomelli assicura punizioni ultraterrene e si porta avanti con il lavoro: niente asilo e niente refezione per i figli di coloro che «sputeranno nel piatto in cui mangiano i loro bambini». Le donne di Corinaldo, Ancona, vengono portate al cimitero e fatte giurare sulle tombe dei loro cari che voteranno democristiano; un altro parroco si accontenta che giurino sul crocefisso; quello di Soriano, Viterbo, consiglia «lo sciopero della notte» per recuperare i mariti comunisti.

Il giorno di Pasqua il Papa tira le fila in piazza San Pietro, davanti a De Gasperi: «La grande ora della coscienza cristiana è suonata». Se questa coscienza si desta, si avvererà la «formale promessa del Redentore: "Abbiate fiducia, io ho vinto il mondo". Ma se questa coscienza non si sveglia che a metà, e non si dà coraggiosamente a Cristo, allora il verdetto, terribile verdetto!, di Lui non è meno formale: "Chi non è con me è contro di me"».

Sono giornate ricostruite magistralmente nel libro *1948. Gli italiani nell'anno della svolta*, pubblicato dal Mulino. Gli autori, Mario Avagliano e Marco Palmieri, hanno lavorato sui rapporti dei prefetti, sulla corrispondenza tra le famiglie, sui santini delle parrocchie. Se ne stampa uno intitolato «Il messaggio della Regina»:

Quando il voto tu avrai dato
allo Scudo ch'è Crociato
sentirai dentro del core
che non hai commesso errore.
Sta sicuro che ad Alcide
la Madonna gli sorride
che votar per lui ti dice
la potente Ausiliatrice.

I comunisti rispondono distribuendo santini di san Francesco, «vero cristiano» e presunto testimonial della rivoluzione. Si canta sull'aria di *Fischia il vento*:

Non è ver che Cristo stia con voi
traditori della libertà
foste sempre gli aguzzini suoi
ma lui sta col Fronte popolar!

De Gasperi: «E ora chi lo dice alla mamma?»

Alcide De Gasperi è un intellettuale trentino di 65 anni. La sera per rilassarsi legge le *Egloghe* di Virgilio in latino e l'*Anabasi* di Senofonte in greco. (I tempi dell'elogio dell'ignoranza sono lontani. Settant'anni dopo, la conoscenza della lingua italiana sarà considerata un lusso superfluo: non è che il politico piaccia nonostante non sappia il congiuntivo, piace perché non sa il congiuntivo; e per rilassarsi la sera si fa una partita alla Playstation.)

La statura spirituale di De Gasperi è pari a quella politica. Nato suddito del Kaiser, deputato alla Dieta di Vienna, ha passato la Grande Guerra vagando da un campo di prigionia all'altro, a sostenere i trentini che vi sono rinchiusi. Non è stato un irredentista, ma nel suo ultimo discorso in Parlamento, nella primavera del 1918, ha annunciato che la vittoria dell'Italia era vicina.

Ha votato la fiducia al primo governo Mussolini, ma poi al fascismo non ha concesso nulla. Si è rifugiato in Vaticano, dove il mattino lavorava come bibliotecario, e il pomeriggio arrotondava il modesto stipendio facendo traduzioni dal tedesco. Un giorno ha ricevuto la visita di un giovane precocemente ingobbito, che gli ha chiesto materiale per la sua tesi sulla marineria pontificia: «Ragazzo mio, non hai un argomento più interessante?». Era Giulio Andreotti, e sarebbe diventato il suo sottosegretario.

Nel mondo De Gasperi porta l'immagine di un'Italia povera e dignitosa, consapevole di aver perso la guerra accanto all'alleato peggiore, ma decisa a rivendicare libertà e indipendenza. L'incipit del suo intervento alla Conferenza di pace di Parigi ha colpito i delegati: «Prendendo la parola in questo consesso mondiale, sento che tutto tranne la vostra personale cortesia è contro di me». Non passa inosservato questo italiano di frontiera, profondamente legato alla patria, che non urla, non gesticola, non minaccia, non si lamenta.

Nella vita privata è affettuoso, a volte dolce. Ama le canzoni di montagna, dirige il coro delle figlie e dei loro amici. Scala le Dolomiti con le corde e i chiodi, senza paura fisica. Il piccolo aereo che lo porta in America, nel gennaio 1947, rischia di precipitare; arrivato in vista della costa di New York deve tornare indietro per un rifornimento d'emergenza su un'isola; a bordo l'unico a non scomporsi è lui. Ma quando vede la figlia Maria Romana – che gli fa un po' da assistente – parlare con uno sconosciuto, le manda un bigliettino allarmato: «Attenta a ciò che dici, è quello della bomba atomica». Infatti è uno scienziato, indotto alla fuga dalle leggi razziali del Duce (sua moglie è di famiglia ebraica), che ha aiutato gli americani nella ricerca nucleare: Enrico Fermi.

La frugalità di De Gasperi è leggendaria, il suo disinteresse per il denaro assoluto. La domenica compra le paste per i familiari: non più di una a testa, per la moglie Francesca, per le quattro figlie Maria Romana, che chiama «Mana», Lucia, che si farà suora, Cecilia e Paola, e per la sorella Marcella che non ha più nessuno e vive con lui. Lo stipendio lo porta direttamente alla moglie, che gli passa la paghetta per i giornali e i sigari. I suoi uffici al Viminale (Palazzo Chigi ospita il ministero degli Esteri) sono un porto di mare, sempre pieni di gente che viene a chiedere qualcosa. C'è un prete di periferia che passa tutti i giorni; finalmente riesce a fermare De Gasperi e a chiedergli soldi per la sua comunità di orfani di guerra; lui gli risponde che non può disporre del denaro pubblico, ma tira fuori dalla tasca l'assegno dello stipendio e glielo gira. Poi guarda la figlia: «E ora chi glielo dice alla mamma?».

L'Italia di De Gasperi è un Paese così povero che i poliziotti non hanno scarpe: aspettano in caserma a piedi nudi che tornino i commilitoni per calzare le loro. Davanti al Viminale c'è un cantiere sempre aperto: sono operai che scavano buche, le ricoprono e riprendono a scavare; lavori socialmente inutili, per pagare qualche stipendio.

Ma sulla miseria degli italiani stanno per piovere gli aiuti interessati di Washington. Il presidente Truman ha capito che l'Europa può diventare il mercato dell'industria americana; e il suo segretario di Stato, il generale Marshall, l'uomo che ha costruito la macchina bellica che ha vinto la guerra, dà il proprio nome al piano che ricostruirà il continente.

Per i partiti anticomunisti, i viveri e i dollari sono una grande occasione di propaganda. Le navi cariche di grano e zucchero sono accolte nei porti da bande musicali e processioni di ringraziamento. Lo sforzo è immenso: un «treno dell'amicizia» è partito da Los Angeles e ha attraversato l'America fino a New York per raccogliere aiuti; la nave numero 500 arriva a Taranto il 4 aprile. Si inaugurano case e fabbriche ricostruite grazie agli Stati Uniti. La pressione degli emigrati è forte, arrivano un milione di lettere per ammonire i parenti rimasti al paese che se vincono i comunisti non si mangia più. Scrivono anche Frank Sinatra, The Voice, e Rocky Graziano, il pugile campione del mondo dei pesi medi.

C'è anche un non detto: tutti sanno che gli americani sono pronti a difendere la loro vittoria militare in Italia, se necessario con le armi. È un'ipoteca che grava sul 18 aprile, anche se l'America preferisce mostrare il suo volto accattivante: aderiscono alla crociata per la libertà Gary Cooper, Clark Gable, Rita Hayworth; si impegna anche Tyrone Power, ignaro che avrà una figlia, Romina, destinata in Italia a diventare una star. La Dc stampa un manifesto: «Coi discorsi di Togliatti non si condisce la pastasciutta».

Eppure i comunisti restano sicuri di vincere. Pure il Times di Londra li dà per favoriti. Il 15 febbraio si è votato per il Comune di Pescara, e l'alleanza di sinistra ha preso il 48,4 per cento; la Dc si è fermata al 28. Ma la tempistica non aiuta.

Il 20 febbraio arriva da Praga la notizia del colpo di Stato: i comunisti, primo partito alle elezioni con il 38 per cento, prendono il potere appoggiati dall'Armata Rossa. L'impressione in Italia e nel resto d'Europa è enorme. Agli avversari del comunismo si è fornita un'arma formidabile: la paura.

Il 20 marzo americani, francesi e inglesi promettono in una nota congiunta di restituire Trieste all'Italia. Occorrerà attendere ancora sei anni; ma dall'altra parte della cortina di ferro ci sono i comunisti titini, che a Trieste hanno lasciato un ricordo di morte.

Invano Palmiro Togliatti raccomanda di non mostrare troppe falci e troppi martelli, di non cantare l'*Internazionale* e *Bandiera rossa* ma la canzone del Piave, l'inno di Garibaldi, l'inno di Mameli. Il leader comunista è accorto, ma porta sulle spalle un fardello pesante.

Il piede forcuto di Togliatti

Mentre il fondatore del partito, il suo compagno di gioventù Antonio Gramsci, languiva nelle carceri fasciste, Togliatti si metteva al servizio di Stalin. La sua intelligenza sarebbe riuscita talora a moderare la crudeltà del dittatore georgiano; altre volte si sarebbe limitata a mettere ordine razionale nei suoi piani di sangue. In Spagna Togliatti è il commissario politico dei plotoni d'esecuzione che fanno strage degli anarchici: Stalin non vuole nemici a sinistra, e lui esegue. In Polonia è incaricato di far fuori il vertice del partito, sgradito a Mosca.

All'hotel Lux, quartier generale dei fuoriusciti rossi, ogni notte potrebbe essere quella fatale. Paolo Robotti, suo cognato, finisce nei gulag; Togliatti lo rivedrà dopo anni e lo saluterà come se niente fosse. Felicita Ferrero, segretaria di redazione dell'Unità, viene arrestata e reclama la propria innocenza: «I dirigenti del Pc italiano presso il Komintern, presso il Soccorso rosso, presso la radio mi conoscono bene!». E il poliziotto: «Non ne dubito. La denuncia viene proprio da loro». Palmiro è imperturbabile. Una notte entra nella sua camera un giovane compagno, torinese come lui, Giancarlo Pajetta, e lo trova mentre stira una camicia davanti alle *Odi* di D'Annunzio: «Leggile. Se non lei hai lette per pregiudizio politico, hai sbagliato».

L'uomo viene dal popolo: la madre è una trovatella adottata, il padre ha potuto studiare in seminario grazie all'eredità di uno zio prete, ha conosciuto don Bosco e gli è devotissimo; ha chiamato il terzo figlio Palmiro perché nato il 26 marzo 1893, domenica delle Palme.

Sarebbe riduttivo, però, vedere in Togliatti solo il cinico sicario di un satrapo. Quando torna in Italia, sbalordisce i comunisti e non soltanto loro, schierandosi al fianco del re e degli americani: la priorità è combattere i nazifascisti. Da ministro della Giustizia firma l'amnistia che evita la punizione a molti colpevoli, ma contribuisce a chiudere la guerra civile e i suoi strascichi violenti. Simpatico non sarà mai: gli viene assegnato l'autista di Claretta Petacci, un comunista entusiasta che vorrebbe togliere il vetro che lo separa dal passeggero, ma Togliatti lo gela: «Non ne vedo la ragione». Quando visita una sezione del partito, si fa precedere da una lettera in cui chiede di non essere accolto a pacche sulle spalle, che non ci si prenda troppa confidenza. Ma sa essere lungimirante.

È lui a volere che la Costituzione riconosca i Patti Lateranensi, gli accordi che Mussolini aveva concluso con la Chiesa: i comunisti cercano il rapporto con i cattolici.

L'obiettivo di Togliatti non è tanto andare al potere con Nenni, quanto costringere De Gasperi a richiamarlo al governo. I due hanno lavorato bene insieme, e sotto sotto si stimano. Però non si amano, e la tensione elettorale fa il resto.

Il 7 marzo De Gasperi è a Torino per un comizio, il sindaco comunista Celeste Negarville va a salutarlo. Ma Torino è la città di Togliatti, che gli scrive furibondo: «Perché tu devi andare ad accoglierlo e a scodinzolare in qualità di Sindaco davanti a lui? Forse che i dirigenti e Sindaci democristiani si comportano, verso i nostri dirigenti, propagandisti, oratori e candidati, in modo sia pur lontanamente cavalleresco? Affatto! Si comportano, quando possono, come delle canaglie. In Calabria e in Sicilia fanno assassinare i nostri militanti. Nelle Puglie spargono il terrore contro di noi. E noi a Torino, città proletaria, comunista e socialista, dobbiamo fare i convenevoli a De Gasperi come se ci trovassimo davanti a un galantuomo!». Altro che spirito costituente, collaborazione tra i partiti, comune sentire. Togliatti va giù durissimo, se avesse davanti Negarville se lo mangerebbe: «Tu non hai ancora capito che De Gasperi è l'uomo che ricorre, contro di noi, ai mezzi più canaglieschi, sporchi e vili, moralmente più bassi di quelli cui ricorse Mussolini; che in lui non vi è un briciolo non dico di lealtà, ma nemmeno dell'onestà elementare che hanno persino i delinquenti comuni. E tu vai a toccargli la mano, mentre nessun dovere ufficiale ti costringe a farlo!».

Le fake news sono già state inventate: il Pci accusa sui volantini De Gasperi, chiamato Von Gasper, di aver gioito per l'impiccagione di Cesare Battisti. Lui ci rimane malissimo: di Cesare Battisti è stato amico, sono anche finiti in galera insieme, quando si sono battuti per avere un'università in lingua italiana. I comunisti intuiscono la sua sofferenza e infieriscono: a Parma, mentre De Gasperi parla in piazza, srotolano una gigantesca foto di Battisti sulla forca sbeffeggiato dai soldati austriaci; lui se ne va indignato. Ma quando a Pistoia trova la città tappezzata di manifesti scritti in italiano e in tedesco contro il «cancelliere crucco austriaco, servo al soldo dell'America», De Gasperi che parla il tedesco come l'italiano tira fuori la stilografica, annota quattro errori di ortografia, sei di sintassi, otto di punteggiatura, e scrive: «Ihr seid esel!», bravi asini.

Si fa la gara delle affissioni: la sfida è coprire quelle dei rivali; i palazzi sono tappezzati fino all'ultimo piano, non si trova più un muro libero; e quando le bande di attacchini si incontrano, finisce a botte. I comunisti sono più decisi. Anche al dodicenne Silvio Berlusconi tocca qualche colpo per aver affisso le insegne con lo scudo crociato; il resto glielo dà la madre a casa, per punirlo di essersi messo in pericolo. Ma quando a picchiare sono i democristiani, i carabinieri non intervengono.

I comizi sono continui, e disturbare quelli altrui diventa un passatempo popolare. I comunisti portano strumenti musicali, altoparlanti, cani, mucche; i parroci suonano le campane. Si prendono a sassate i pullman degli avversari, come si fa ora tra tifosi di calcio. Talvolta a interrompere gli oratori del Pci arrivano i prigionieri appena liberati dalla Russia, che raccontano gli orrori del regime sovietico.

A Vibo Valentia, un frate improvvisa una processione per non lasciar parlare il leader socialista Pietro Mancini, che reagisce e chiama i carabinieri; il giornale cattolico di Cosenza scrive che Mancini per punizione divina è stato colpito da un attacco apoplettico. Non è vero, eppure la voce si sparge. A Catanzaro un altro giornale scrive che Mancini è rimasto paralizzato. Sui muri di Reggio Calabria i manifesti informano che Mancini ha perso la parola. Il vescovo di Crotone esagera e dal pulpito ne annuncia la morte. Mancini è costretto a percorrere la Calabria per dimostrare di essere vivo e in buona salute.

Al di là degli eccessi, nella primavera del 1948 gli italiani scoprono la democrazia. Molti avevano già votato due anni prima, al referendum tra monarchia e repubblica, ma la Dc aveva lasciato libertà di coscienza. Ora tutti i partiti sono mobilitati, i candidati si contendono le preferenze, la passione e l'interesse sono contagiosi. «Si ascoltavano frasi incredibili, tipo "andiamo a sentire Scoccimarro a Rivoli"» ha raccontato con la consueta ironia lo scrittore Carlo Fruttero. Gli italiani scoprono il gusto di seguire decine di voci, dopo vent'anni in cui hanno potuto ascoltarne una sola.

I partiti sono giovani o appena rinati, non ancora vilipesi. Si seguono corsi precipitosi per imparare a parlare in pubblico. L'entusiasmo è tale che nasce pure una lotteria, Totalvoto: vince chi azzecca i pronostici elettorali; ma per incassare il premio deve dimostrare di aver votato.

Esistono già i sondaggi: il primo nella storia politica lo fa la Doxa di Pierpaolo Luzzatto Fegiz, il padre di Mario, oggi il più importante giornalista musicale italiano. Si prevede una grande vittoria Dc, data al 45 per cento, e il crollo del Fronte sotto il 30. L'Avanti! accusa Luzzatto Fegiz di aver manipolato i dati. L'Unità titola: «Doxa non ne imbrocca una».

Anche i parroci a modo loro giocano l'ultima carta. Scrivono Avagliano e Palmieri che l'arciprete di Piove di Sacco, Padova, minaccia il castigo di Dio per chi non vota Dc, compresa la nascita di «bambini linfatici senza mani, senza lingua, senza orecchie». Il parroco di Mestrino racconta invece la storia dell'operaio che all'osteria si è detto pronto a dare la vita per il partito comunista; il Signore l'ha subito accontentato: all'uscita dell'osteria il miscredente è morto.

Apparizioni mariane si segnalano in tutto il Sud. Il parroco di Cordovado, in Friuli, rassicura le donne che possono tradire il marito cui hanno promesso di votare per il Fronte: basterà un atto di dolore e saranno «perdonate per aver disobbedito». Diverso è il linguaggio della lettera che un giovane prete di Desio scrive ai suoi fedeli: «Non si può pretendere che la Chiesa benedica il tuo matrimonio o la tua morte, perché ti comoda così, e poi sostenere quelli che ne sparlano e la calunniano. Dio non si prende in giro». La firma è di don Luigi Giussani.

Negli ultimi comizi un po' tutti perdono la testa. De Gasperi paragona Togliatti al diavolo dal «piede forcuto», il capo comunista replica di aver pensato di girare scalzo per mostrare di avere «un piede come tutti gli altri», ma di aver preferito tenere le scarpe; «anzi, ho fatto mettere a esse due file di chiodi e ho deciso di applicarle a De Gasperi dopo il 18 aprile in una parte del corpo che non voglio nominare». Provvedono a nominarla i militanti, che intonano il coro: «E vattene, e vattene, schifoso cancelliere, se non ti squagli subito, son calci nel sedere…».

Pure il bandito Salvatore Giuliano rivolge il suo appello elettorale: «Siate riflessivi, miei cari poveri; sono certo che, se arriverete a capire cosa è il comunismo, vi convincerete a non farvi trascinare ancora da questi falsi demagoghi».

I giornali sono tutti schierati contro la sinistra, tranne quelli dei due partiti, che ostentano ottimismo. Il titolo dell'Avanti! lo detta Nenni in persona: «La vittoria del Fronte è sicura. Il Fronte Democratico vince!». «Evviva la vittoria del popolo!» è l'apertura dell'Unità. Il settimanale Vie Nuove va oltre, dà il trionfo per acquisito e già promette che «il Fronte terrà fede al suo programma elettorale».

Nenni va a casa del grande vecchio del liberalismo, Benedetto Croce, a offrirgli la presidenza della Repubblica. Gli riferisce che i comizi sono affollatissimi. È la verità, ma don Benedetto gli risponde: «Attento, che quelli rimasti a casa sono molti di più».

Andreotti, Ingrao e il bandito Giuliano

Il 18 aprile è una domenica di sole. Le sezioni della Dc trasmettono la canzone del Piave e *Le campane di San Giusto*: «Le ragazze di Trieste cantan tutte con ardore: "O Italia o Italia del mio cuore, tu ci vieni a liberar!"...». Da giorni si è messa in moto una tendenza sotterranea a favore della Democrazia cristiana, ma non tutti l'hanno colta. A Milano molte famiglie borghesi vanno al seggio di prima mattina e poi riparano in Svizzera con assegni e gioielli, in attesa del verdetto.

La tensione è inimmaginabile per chi è abituato alle stanche campagne elettorali di oggi. Dall'esito del voto dipendono scelte di vita. Si attende il risultato per decidere se sposarsi, mettere al mondo un figlio, o anche solo comprare la radio. Da parte comunista prevale l'attesa messianica; da parte moderata, la paura, cui possono seguire il terrore o il sollievo.

Diverso è anche l'atteggiamento dei leader. Togliatti ha passato la notte con il suo segretario Massimo Caprara al Presidio George Eastman, un istituto odontoiatrico del Policlinico di Roma: meglio non farsi trovare a casa, non si sa mai. De Gasperi va a messa a San Pietro con la famiglia, segue il rito in ginocchio; poi passa come d'abitudine a comprare le paste.

Da Madrid Francisco Franco chiama l'ambasciatore americano presso la Santa Sede e lo incarica di riferire al Papa il suo piano: rinviare il voto e mettere fuorilegge il Pci. Pio XII fa rispondere di non preoccuparsi.

I due grandi partiti si sono organizzati per portare alle urne i sostenitori e richiamare i pigri. Alle 13, alle 20 e ancora il lunedì mattina si compilano in ogni seggio le liste dei simpatizzanti che non hanno ancora votato; poi li si va a prendere casa per casa.

Molti sacerdoti concludono la messa avvertendo che questa potrebbe essere l'ultima, se vincerà il Fronte; qualcuno annuncia anche il suo prossimo martirio. Una suora zelante è sorpresa a votare più volte. A Gallipoli si proclama che la Madonna piange. Ai seggi si arriva in barella, se necessario. L'Unità del 19 aprile denuncia che i religiosi hanno portato alle urne anche i malati di tifo, «con grave pericolo dell'incolumità dei cittadini».

Sono episodi veri, di un'Italia antica, di una democrazia giovane, ancora condizionata dalla fede o dalla superstizione. Ma non vanno sopravvalutati. Il Paese ha maturato una decisione politica chiara, dopo una campagna elettorale dura e viva.

Lo spoglio è lentissimo. Martedì 20 girano false voci su una grande vittoria comunista: i militanti di Matera girano per i Sassi cantando *Bandiera rossa*. Ma quando a Milano appaiono i primi risultati sul nastro luminoso che scorre lungo il Palazzo dei Giornali, è subito chiaro chi ha vinto.

A Roma Andreotti trova il suo personale modo di comunicare la notizia agli sconfitti. Chiede ai commessi di chiamargli il cronista dell'Unità, che attende nella sala stampa del Viminale. È Alfredo Reichlin, 23 anni da compiere, destinato a sposare la più bella dirigente del Pci, Luciana Castellina. Reichlin sale dal sottosegretario col cuore in gola, pensando già a come riferire la lieta novella al direttore del giornale, Pietro Ingrao. Invece Andreotti gli mostra beffardo i risultati di Lenola, il paese della Ciociaria dove Ingrao è nato, e dove il giovane Giulio ha il suo collegio: per ogni voto comunista ce ne sono dieci democristiani.

La mattina di mercoledì 21 arrivano i dati definitivi: il Fronte ha avuto 8 milioni e 136 mila voti, pari al 31 per cento; la Dc con 12 milioni e 740 mila voti è al 48,5 per cento; alla Camera ha la maggioranza assoluta dei seggi. I comunisti si consolano notando che i loro candidati sono andati meglio dei socialisti; però l'arretramento è netto soprattutto nelle roccaforti industriali del Nord, Torino Milano Genova. Bene i socialdemocratici di Saragat, sopra il 7 per cento; delusi liberali, monarchici, missini. La partecipazione è stata imponente: ha votato il 92,2 per cento.

I giornalisti americani, che hanno seguito in massa un evento considerato decisivo per l'Europa, dettano corrispondenze entusiaste. Scrive il New York Times che è la prima grande vittoria del piano Marshall.

L'intera tiratura di Vie Nuove con il suo incauto titolo viene mandata al macero.

Umberto Saba, sostenitore del Fronte, gira per i caffè di Milano gridando: «Porca! Porca!». Annota un altro poeta, Vittorio Sereni: «Lo diceva all'Italia. Di schianto, come a una donna, che – ignara o no – a morte ci ha ferito».

Il bandito Giuliano è stato persuasivo: a Montelepre, su 2.948 voti validi, il Fronte ne ha avuti 26.

Oggi, indipendentemente dalle idee politiche di ciascuno, possiamo concludere che i nostri padri settant'anni fa scelsero con lungimiranza. Certo non fu una buona notizia l'egemonia comunista sulla sinistra, che sarebbe durata mezzo secolo, impedendo l'alternanza di governo e affidando alla Dc un ruolo di partito-Stato, con le inevitabili conseguenze: corruzione, clientelismo, cooptazione.

Il mondo cattolico esulta. Pio XII ringrazia Dio per aver difeso «la sua causa contro l'errore e l'ingiustizia»; «i cieli d'Italia sono ora più luminosi». Schuster attribuisce il merito alla Madonna, «discesa nuovamente in aiuto d'Italia». Anche il segretario Dc, Attilio Piccioni, ringrazia in pubblico la Provvidenza.

Il meno entusiasta e il più preoccupato tra i vincitori è De Gasperi. Sa che i veri democristiani sono molti meno di quanto dicano le urne. I fascisti non possono essere spariti all'improvviso. Tanti hanno votato e voteranno Dc in funzione anticomunista; ma coveranno sempre un'insofferenza verso un partito che si ostina a «guardare a sinistra». Inoltre il Vaticano e l'America, poteri forti in confronto alla neonata e fragile Repubblica italiana, già rivendicano la vittoria, decisi a far valere il proprio peso.

Se ne accorgerà lo stesso De Gasperi, quando il Papa tenta di imporgli l'alleanza con i neofascisti alle amministrative del 1951 a Roma. Lui rifiuta, sicuro che la Dc vincerà lo stesso, come infatti accade. Ma Pio XII non perdona. Quando De Gasperi, che da presidente del Consiglio non l'ha mai incontrato, gli chiede un'udienza per benedire i suoi trent'anni di matrimonio e la figlia Lucia che si è fatta suora, il Papa rifiuta. «Come cristiano accetto l'umiliazione; come capo del governo chiederò spiegazioni» è la risposta.

Dopo il 18 aprile, la Dc potrebbe governare da sola. Ma proprio per non cadere nella tentazione clericale, De Gasperi decide di aprire il nuovo governo agli alleati laici. Vuole allargare la base sociale di consenso, in particolare alla parte della classe operaia che ha seguito i socialdemocratici. Così, però, scontenta la Chiesa, che si sente padrona del Paese.

Il 30 aprile l'arcivescovo di Palermo, Ernesto Ruffini, scrive al ministro dell'Interno Mario Scelba per dirgli di porre al bando i comunisti: «Gli invasati di quel sistema incivile e diabolico tramano forse nell'ombra qualche tradimento. È desiderio comune che si trovi presto modo di mettere i nemici di Dio e della Patria fuori legge, sopprimendone le organizzazioni».

È un linguaggio reazionario, estraneo alla democrazia. È vero però che molti tra gli sconfitti non hanno accettato il verdetto. Lo stesso Togliatti sostiene che «le elezioni non sono state né democratiche né libere», anche per le «intimidazioni dei padroni verso i lavoratori». E Togliatti è l'uomo che ha fatto la scelta della via parlamentare; né la rinnegherà. Ma nell'animo di migliaia di comunisti cresce l'attesa della rivincita. Il proletariato, nelle loro speranze, non andrà al potere con le elezioni, ma con la forza. L'incendio attende solo la sua scintilla.

Quatto

TOGLIATTI DEVE MORIRE

Settant'anni di odio politico

Il 14 luglio 1948, anniversario della presa della Bastiglia, alla Camera parla il sottosegretario alla presidenza del Consiglio, un giovane di 29 anni che pare già vecchio, destinato a una brillante carriera e a una drammatica caduta: Giulio Andreotti. Argomento, il prezzo della carta dei giornali. Annoterà lui, autoironico oltre che cinico: «Togliatti preferì, non so dargli torto, abbandonare l'aula per andare da Giolitti a prendere un gelato».

Anche oggi Giolitti è una gelateria, affollatissima di turisti stranieri, alla ricerca di gusti stravaganti tipo «puffo» e «vacanze romane». Togliatti però non vi arriverà mai. Per far prima esce dalla porta secondaria della Camera, su via della Missione, angolo via Uffici del Vicario, dove c'è appunto Giolitti. Ma proprio lì lo aspetta uno studente catanese di estrema destra, Antonio Pallante, che gli spara addosso con una rivoltella Smith & Wesson calibro 38. Il primo proiettile sfiora la testa e finisce contro un cartellone pubblicitario, il secondo colpisce Togliatti alla nuca, il terzo alla schiena. Il ferito cade sulle ginocchia, si abbatte sui sanpietrini. Si lancia a proteggerlo la sua donna, una deputata emiliana di 28 anni: Nilde Iotti. Pallante spara un quarto colpo a vuoto e fugge. Sono le 11 e mezzo.

La dinamica appare subito strana: come faceva un ragazzo venuto da fuori a sapere che Togliatti sarebbe passato proprio da lì? Chi l'ha mandato? E perché ha sparato? Certo non si tratta di un killer professionista; Togliatti miracolosamente è ancora vivo, riesce anche a mormorare un'indicazione politica: «Non perdete la testa».

Al suo capezzale, al Policlinico, si precipitano i migliori medici italiani: Pietro Valdoni e Cesare Frugoni, celebre anche per la sua storia d'amore con la più bella critica d'arte italiana, Palma Bucarelli. Arriva De Gasperi, preoccupatissimo. Il giornale radio annuncia la presenza accanto al ferito del ministro dell'Interno Scelba; ma è una fake news, Scelba non si fa vedere; sta studiando le contromosse con i comandanti della polizia e dei carabinieri.

Il capo del comunismo italiano è sotto i ferri, le sue condizioni sono gravi. Nilde Iotti attende notizie fuori dalla camera operatoria. Arriva anche uno dei personaggi più noti del partito: Pietro Secchia, il leader dell'ala dura. È Secchia il punto di riferimento dei partigiani rossi che non si sono rassegnati alla sconfitta del 18 aprile, e vivono queste ore come la vigilia della rivincita. Ma è anche l'uomo dell'Unione Sovietica; e l'Unione Sovietica gli ha chiarito che la rivoluzione in Italia non si può fare, perché l'Italia è assegnata alla sfera americana, e quindi gli aspiranti rivoluzionari non contassero sui russi. Infatti Secchia è lì a dire alla Iotti che l'insurrezione non ci sarà. «Certo, salvo che lui muoia» risponde lei. E lui: «No, neppure se muore. Se l'insurrezione è un errore, è un errore qualunque sia l'esito dell'operazione».

L'operazione per fortuna va bene; il problema è che l'insurrezione è già iniziata. Togliatti si riprende, dà mostra di lucidità parlando in latino con Valdoni, chiedendo notizie di Bartali che al Tour de France insegue la maglia gialla, e soprattutto dando indicazioni ai compagni: non muoversi, non prendere rischi, restare calmi.

Avvertono dell'attentato il fratello, Eugenio Togliatti, professore universitario a Genova, che risponde: «Prenderò un treno per Roma al più presto, prima però devo finire di esaminare i miei studenti». Ma fuori dal Policlinico si è riunita una folla di muratori e operai romani che il povero dirigente locale Edoardo D'Onofrio fatica a tenere a bada: «D'Onofrio dacce er via!».

In altre città il via non è stato atteso. Gli operai hanno fatto da sé. A Torino la Fiat è occupata, militanti comunisti devastano la redazione della Stampa, costretta a non uscire in edicola per due giorni. Assalite anche le sedi della Dc e del Movimento sociale. Su Mirafiori sventola la bandiera rossa: si tirano fuori le armi nascoste, si piazzano le mitragliatrici sui tetti dei capannoni. Le strade sono percorse da ex partigiani con gli Sten in pugno. I borghesi si chiudono in casa e sbirciano dalle persiane chiuse, in attesa degli eventi. La polizia attende prudentemente in caserma.

Anche a Milano le fabbriche sono occupate. Si rivede la Volante Rossa, l'organizzazione clandestina che dopo il 25 aprile dava la caccia ai fascisti; stavolta si presenta a San Vittore, libera 15 operai della Bezzi in carcere per aver picchiato il padrone, li riporta in fabbrica tra gli applausi. La polizia carica, i feriti sono decine. In piazza Duomo Giuseppe Alberganti, nome di battaglia Cristallo, combattente in Spagna e nella Resistenza, grida: «Il 18 aprile in Italia ci siamo contati; ora ci pesiamo».

Gli insorti si scontrano con la polizia un po' dappertutto: a Taranto occupano il porto, a Livorno fanno prigionieri gli ammiragli. Ma la città più infuocata è Genova. Qui agli operai si unisce la gente comune, i calderai (nell'Italia del 1948 esistono ancora questi mestieri) saldano alle rotaie i tram, che diventano barricate; i militi della Celere sono chiusi nel palazzo delle Poste e circondati, la caserma di Bolzaneto è espugnata; si spara contro i carabinieri, i morti sono almeno tre. Il questore chiede aiuto ai partigiani bianchi: «Mandatemi qualcuno che mi protegga!».

La rivolta è spontanea e insieme strategica. L'Amiata, terra di minatori, ha un'antica tradizione anarchica e ribelle, gli insorti sanno benissimo come muoversi: occupano la centrale telefonica che collega il Nord e il Sud d'Italia, e la difendono a fucilate; muoiono due carabinieri, il maresciallo Ranieri è ucciso a coltellate. A Casale Monferrato il comandante della stazione è prudentemente passato con i 4 mila partigiani rossi che occupano la città.

I vertici del partito comunista sono spiazzati, combattuti tra la tentazione di cavalcare l'onda e l'esigenza di riportare la calma, per sottrarsi alla repressione che seguirà. Viene mandato di corsa all'ambasciata sovietica Matteo Secchia, il fratello con cui Pietro parla solo in russo e in dialetto piemontese, che si sente dire di non fare altre sciocchezze. E proprio Pietro Secchia avverte gli altri della direzione: «Le forze rivoluzionarie sono concentrate nelle grandi città del Nord, ma il Sud non si è mosso, e anche al Nord la campagna non è sicura. I compagni della base dicono: "Abbiamo in mano le fabbriche, abbiamo in mano le città". I compagni riflettano: per ora né la polizia né l'esercito sono intervenuti, se lo faranno disporranno di cannoni e di carri armati contro i quali non si potrà resistere».

Il 15 arriva da Mosca un telegramma come una mazzata. Lo apre Luigi Longo. È scritto in cirillico, ma anche Longo parla bene il russo, e traduce col cuore in gola un testo che oggi suona come una testimonianza del linguaggio e dello spirito di un mondo: «Il Comitato centrale del partito comunista bolscevico dell'Urss è indignato per il brigantesco attentato, compiuto da un essere che è al di fuori del genere umano, contro la vita del capo della classe operaia e di tutti i lavoratori d'Italia, il nostro amato compagno Togliatti. Il Comitato centrale è contristato dal fatto che gli amici del compagno Togliatti non siano riusciti a difenderlo dal vile attentato a tradimento...».

È un atto di accusa ai vertici del Pci, che si vedono scavalcati dagli operai e sconfessati dai russi. Alla Camera Giancarlo Pajetta chiede le dimissioni del governo: «Troppo male avete fatto, non assassinate la patria». De Gasperi risponde che non ci pensa neanche. Gli scontri infuriano fin sulla soglia di Montecitorio, una deputata comunista interpella Andreotti: «Qui fuori i poliziotti bastonano i deputati!». Andreotti risponde beffardo: «Mi pare una buona ragione per restare dentro».

La rivolta si spegne in fretta. Lo sciopero generale refluisce, i sindacalisti informano: «L'ordine viene da Roma, compagni bisogna tornare al lavoro». Il traffico riprende, riaprono i negozi; la furia cala, dicono anche grazie alla clamorosa vittoria di Gino Bartali al Tour de France. In realtà i comunisti hanno capito che la rivoluzione non si farà neanche stavolta. Arriva semmai la restaurazione: 11 morti tra i ribelli, sei tra le forze dell'ordine; 92 mila arrestati, 70 mila rinviati a giudizio. Gli operai che a Torino hanno deviato il traffico si prendono sei anni di carcere e se li faranno tutti.

Andrà meglio ad Antonio Pallante: condannato a tredici anni e otto mesi in primo grado, avrà la pena ridotta prima in appello, poi in Cassazione; per il Natale del 1953 sarà già libero, e verrà assunto dalla forestale. Oggi, quasi centenario, si gode i nipoti e rilascia interviste, celebrato dai giornali di destra come un eroe. Dice che gli dispiace per i morti di quella lontana estate, «in particolare per i poliziotti e i carabinieri».

Togliatti si riprenderà in fretta. Passerà l'estate tra la Liguria e il lago d'Orta, per ricomparire in pubblico il 26 settembre alla Festa dell'Unità, davanti a mezzo milione di compagni festanti. Leader a vita, è atteso da altre prove: il congresso del Pcus in cui Krusciov rivela i crimini di Stalin; l'invasione sovietica dell'Ungheria, da lui festeggiata con «un bicchiere di vino rosso in più». Non potrà sposare la Iotti, né avere figli da lei; adotteranno una bambina, Marisa, sorella minore di uno dei sei operai delle Officine Riunite di Modena uccisi dalla polizia il 9 gennaio 1950. Togliatti morirà a Jalta nell'estate 1964, mentre è in vacanza sul Mar Nero, dopo aver tentato invano di convincere il futuro padrone dell'Urss, Leonid Brežnev, a ricucire lo strappo con la Cina di Mao, che avrebbe fatto perdere ai comunisti la guerra fredda.

Il vero vincitore del 14 luglio è Mario Scelba. Siciliano di Caltagirone, concittadino, allievo e assistente di don Sturzo, il fondatore del partito popolare, Scelba ha un formidabile intuito per gli uomini: affida la lotta al banditismo in Sicilia a un giovane ufficiale dei carabinieri su cui ha messo gli occhi, Carlo Alberto Dalla Chiesa. Anche contro i rossi la sua linea dura paga: i comunisti sono stati messi fuori gioco; non hanno preso il potere, e non sono neppure riusciti a costringere la Dc a riprenderli al governo.

Il prezzo è assai alto. Negli anni di Scelba, tra il 1948 e il 1954, la polizia spara regolarmente sugli operai e sui contadini in sciopero. De Luna cita 75 morti, 3.126 feriti, 148.269 arrestati, 61.243 condannati; dodici volte in più che sotto il fascismo. Alle vittime vanno aggiunti 28 braccianti uccisi dai proprietari terrieri e dai loro uomini. Anche questa è l'Italia della Ricostruzione: un Paese classista, che a volte può essere ingiusto e crudele.

Il filo rosso e nero della violenza

Il 14 luglio 1948 fu una data non meno importante del 18 aprile. Il 18 aprile si capì che la maggioranza degli italiani non voleva la rivoluzione comunista. Il 14 luglio si capì che la rivoluzione non si poteva fare.

Fu sconfitta l'ala del partito comunista che ancora la vagheggiava. Pietro Secchia era destinato a uscire di scena, e con lui la velleità di rivincita, il fantasma delle armi nascoste, il sogno o l'incubo della sollevazione popolare, della presa del Palazzo. Vinse la Dc, ovviamente. Ma vinsero anche coloro che volevano mantenere la sinistra dentro le istituzioni democratiche, e alla lunga portarla al governo attraverso le alleanze e le elezioni.

Gli sconfitti però non si rassegnarono. Rimase, nella società italiana, una contraddizione tra la pratica delle libertà borghesi e il sogno rivoluzionario. La violenza politica, l'eliminazione del nemico, il ricorso alle armi rimasero latenti. Sotto traccia. Destinati a riemergere in altre occasioni.

La notte del 16 aprile 1952, a Torino, lungo via Villa della Regina, una strada che sale dal Po verso la collina, un metronotte in bicicletta trova un cadavere alla fermata dell'autobus. Accanto c'è il suo cane, che guaisce disperato. È Erio Codecà, già direttore della Fiat tedesca, capo della Fiat Grandi Motori. L'azienda accredita le voci di un delitto passionale. Ma nella notte sul muro della Grandi Motori compare una scritta: «E uno!». Finisce sotto processo un ex partigiano comunista, Giuseppe Faletto: assolto per insufficienza di prove.

Vent'anni dopo, il 17 maggio 1972, sotto la sua casa di via Cherubini a Milano, è assassinato il commissario Luigi Calabresi, al culmine di un linciaggio pubblico animato da Lotta continua a cui partecipano entusiasti molti intellettuali della sinistra italiana. La scena della vedova, Gemma Capra, che esce dall'obitorio dove ha riconosciuto le spoglie del marito bersagliata da insulti e sputi, con il fratello che le copre gli occhi dicendole di non guardare, resta una delle pagine più nere della storia repubblicana. Un po' tutti sanno che è stato un commando di Lc, ma nessuno lo dice. Sedici anni dopo, su confessione di Leonardo Marino, che si autoaccusa di aver guidato l'auto del delitto, una Fiat 125 blu, verranno arrestati Ovidio Bompressi come esecutore, e come mandanti Giorgio Pietrostefani e il leader storico dell'organizzazione, Adriano Sofri.

Il processo potrebbe essere un grande romanzo giallo, o un apologo sulla memoria individuale e collettiva, se non ci fosse dietro una tragedia. Le stesse persone raccontano a distanza di due decenni cose del tutto diverse. C'è un testimone, Pietro Pappini, cui è stato attribuito un dettaglio che smentisce Marino: al volante della 125 c'era una donna bionda. Ma Pappini nega: «Io non ho visto nessuna donna bionda e non posso averla vista, perché sono daltonico». La prova che incastri Sofri non c'è. Alla fine tutto si gioca sulla sua parola contro quella di Marino. I verdetti sono contraddittori. L'ultima sentenza è di condanna.

L'omicidio di Luigi Calabresi è in piccolo, per noi, come lo sparo di Sarajevo: riaccende la guerra civile italiana, o il suo simulacro. Rompe un tabù. La violenza veniva già esercitata nei cortei del Sessantotto, c'erano stati morti da entrambe le parti, tra i manifestanti e tra i poliziotti; ma nessuno progettava e praticava agguati. Dopo sarebbero venute le Brigate rosse, Prima linea, centinaia di assassini e centinaia di vittime. La storia presentava il conto della doppiezza di Togliatti. Una generazione di giovani di sinistra proclamava: la rivoluzione, che il Pci non vuole più fare, la faremo noi. E molti non esitarono a imbracciare le armi, andando incontro alla sconfitta, dopo aver sparso lutto e dolore.

Ma quegli anni, definiti di piombo, furono interpretati come l'occasione di rivincita anche dagli sconfitti della guerra civile. I fascisti non erano scomparsi tutti dopo il 25 luglio 1943 o il 25 aprile 1945. E negli scontri di piazza, nei ferimenti, nei primi sequestri commessi da estremisti di sinistra qualcuno vide l'occasione per quella svolta autoritaria cui non aveva mai rinunciato. Bombe esplosero in piazza Fontana a Milano, sul treno Italicus, in piazza della Loggia a Brescia, alla stazione di Bologna. La magistratura, dopo gli iniziali depistaggi, ha chiarito il senso politico di quegli attentati, ma quasi mai è riuscita a punire i colpevoli.

Il colpo di Stato di destra fu organizzato per almeno tre volte, da personaggi molto diversi: il generale De Lorenzo, che voleva evitare una svolta progressista dei governi Dc-Psi; Junio Valerio Borghese, che sognava la restaurazione totalitaria; Edgardo Sogno, il cui modello era De Gaulle, che mette fuori gioco i comunisti e fonda una Repubblica presidenziale. Nessuno dei tre riuscì. E tutti i golpe che non riescono sono golpe da operetta.

Oggi queste storie sembrano appartenere a un altro Paese, a un'altra epoca; e in un certo senso è davvero così. Anche oggi si odiano gli avversari politici; ma ci si limita a insultarli sul web. Questo non significa che non ci siano pericoli; anzi.

Il livello di violenza verbale in rete ha raggiunto quello dei volantini anni Settanta. Anche allora si minacciavano punizioni ai nemici. Li si scherniva per il loro aspetto fisico, per le loro malattie, per le loro inclinazioni sessuali. Li si dileggiava per il posto da cui venivano o per il nome che portavano.

Quasi nessuno comincia una discussione sui social dicendo: «Non sono d'accordo con te». Si comincia aggredendo, insultando, calunniando. Persino le mail dei lettori del Corriere, quasi tutte persone informate e educate, esprimono a volte un'aggressività sorprendente (anche se poi l'interlocutore si rabbonisce non appena gli si risponde).

All'ipocrisia dei partiti tradizionali, e alla pervicacia con cui i politici e in genere la classe dirigente hanno difeso strenuamente i privilegi, i rimborsi, le indennità, i vitalizi, le liquidazioni milionarie, l'affarismo, si è contrapposto un uso volgare e minaccioso delle parole da parte del movimento fondato da Beppe Grillo, divenuto il primo partito italiano. E non saranno la cravatta e i toni rassicuranti di Luigi Di Maio e Giuseppe Conte a porre rimedio a tutto questo. Non soltanto la politica, l'intera vita pubblica italiana si è ormai avvelenata.

La rete ha creato una notte in cui tutte le vacche sono grigie. Tutti i politici sono corrotti, tutti gli industriali corruttori, tutti i giornalisti servi. Come non capire che, se tutti sono colpevoli, allora nessuno è davvero colpevole?

Ma che importa? Alla testa del rinnovamento c'è il nuovo uomo forte, Matteo Salvini. Il primo leader italiano a farsi fotografare con un fucile in mano, imbracciato durante la visita a una fabbrica di armi nel Bresciano; salvo precisare che l'ha fatto per promuovere un settore trainante della nostra industria. E quando a Macerata un militante leghista, che a un comizio aveva fatto parte del servizio d'ordine di Salvini, ha sparato contro i neri per il solo fatto che erano neri, nei sondaggi la Lega ha fatto un balzo in avanti.

Alla fine, nel Palazzo ci si mette sempre d'accordo. La sinistra da rivoluzionaria si è fatta sistema; Berlusconi da antisistema è divenuto vecchio saggio; e Salvini, smessa la maschera da cattivo che indossa sui social, è una persona gentile. Però nella politica noi italiani non abbiamo mai smesso di odiarci. E di odiare. Anche senza le cause epocali che divisero i nostri padri.

Cinque

I CAMPIONI POVERI

Coppi, Bartali e il Grande Torino

L'Italia è sottosopra, carabinieri e comunisti si scontrano per le strade. Eppure il radiogiornale delle 20 del 15 luglio 1948 – la principale e spesso unica fonte di informazioni – non apre con l'attentato a Togliatti e i disordini. Il caporedattore Carlo De Biase ha cambiato la scaletta all'ultimo momento, con una notizia appena arrivata dalla Francia: Gino Bartali ha dominato la tappa alpina del Tour de France, umiliando la maglia gialla.

In effetti è stata un'impresa epica. Alla partenza Bartali era soltanto settimo, a ventun minuti da Louison Bobet. Ha attaccato dal primo chilometro, forse davvero spinto da una fantomatica telefonata di De Gasperi, che gli avrebbe chiesto l'exploit. Neppure sua figlia Maria Romana oggi sa con esattezza se quella telefonata ci sia stata o no. Fatto sta che gli avversari sono crollati uno a uno, per ultimo Jean Robic, «Testa di Vetro». Sull'Izoard Gino è passato da solo, al traguardo ha recuperato venti minuti alla maglia gialla. A Roma, a Montecitorio la voce di un deputato interrompe i tumulti: «Bartali ha stravinto la tappa! Viva l'Italia!».

Gino stravince anche il 16 luglio e il 17. Il Tour è suo, a 34 anni, dieci dopo il suo primo trionfo. De Gasperi telegrafa per ringraziarlo di aver aiutato la nazione a superare «divisioni e avversioni». Lo ricevono sia il Papa sia il presidente della Repubblica. E sulla sua impresa fiorisce una leggenda, un po' come sulle Madonne piangenti. Si racconta che Gino abbia salvato l'Italia dalla rivoluzione comunista, che si sia identificato nel ruolo di salvatore della fede e della patria.

Ovviamente, non è vero. La rivoluzione comunista non ci sarebbe stata neanche se Bartali avesse perso il Tour. Eppure la voce parve ragionevole, in quelle giornate di forti passioni popolari, destinate inevitabilmente a intrecciarsi.

Il ciclismo era lo sport nazionale. Rappresentava la prima occasione di riscatto per un Paese umiliato. E Bartali non era soltanto un campione sportivo; era l'eroe dell'Italia del dopoguerra. Come ogni eroe, aveva bisogno di un rivale, che ne rappresentasse l'antitesi; e la sorte gliene fece trovare uno davvero formidabile. Come Ettore non avrebbe senso senza un Achille, allo stesso modo Gino Bartali è indissolubilmente associato a Fausto Coppi.

Il loro duello sportivo fu letto in chiave politica. «Viva Bartali democristiano!», «Viva Coppi comunista!» si scriveva sui muri. Un falso: Coppi era cattolico, e alla vigilia del 18 aprile si schierò al fianco della Dc, firmando con Bartali una lettera aperta «agli sportivi d'Italia», per invitarli a «raccogliere l'appello del Santo Padre» e compiere «il dovere civico cui la Patria ci chiama»: votare Scudo crociato. Eppure tra i due c'era davvero una differenza profonda; e non solo perché Bartali era piccolo, tozzo, forte, burbero, sempre imbronciato, come se ogni pedalata gli costasse una fatica terribile; mentre Coppi era alto, agile, gentile, slanciato come un airone, o come l'albatro di Baudelaire, sgraziato quando cammina ma meraviglioso quando prende il volo. Bartali terragno, Coppi aereo. Ginettaccio e il Campionissimo. L'«uomo di ferro» e il ragazzo fragile che in carriera ebbe tredici fratture; e infatti uno ha vissuto 86 anni, l'altro è morto a quaranta. Uno parlava sempre, l'altro quasi mai. La differenza non era solo fisica; era umana, culturale, antropologica.

Come ha scritto Colin O'Brien, un irlandese autore di una bella storia del Giro d'Italia, «Bartali rappresentava la vecchia Italia agricola e riservata, Coppi la nazione moderna che lottava per risorgere dalle ceneri del fascismo. Bartali apparteneva alla tradizione e alla Chiesa, era il simbolo di un'Italia di provincia, vigorosa e affidabile, dalla voce rasposa come le strade sterrate della Toscana su cui si allenava. Coppi era l'incarnazione vivente del dopoguerra: laico, ambizioso, elegante e sempre disinvolto negli abiti fatti su misura e dietro alle lenti degli occhiali da sole. Bartali si faceva fotografare seduto sul letto, a fumare sigarette, bere vino e giocare a carte, con l'aria di un bracciante più che di uno dei migliori atleti del mondo. Coppi sembrava una star del cinema, amava godersi la vita e spesso veniva fotografato a bordo di un'auto fiammante. Era instabile e incerto, come il futuro».

Bartali in effetti appartiene a un'Italia devota, quasi bigotta. Si racconta che pedalando preghi, e spesso i santi lo soccorrano nei momenti difficili. Di sicuro è un militante cattolico. Gedda gli offre – invano – una candidatura in Parlamento. In casa ha una cappella dedicata alla Madonna del Carmelo, in salotto tiene il ritratto del Papa. Dopo la vittoria al Tour regala la maglia gialla a Pio XII, che lo addita ai fedeli come esempio: «Guardate il vostro Gino Bartali, membro dell'Associazione cattolica: egli ha più volte guadagnato l'ambita Maglia. Correte anche voi in questo campionato ideale». L'Unità dedica a Gino un corsivo ingeneroso, intitolato «Datti all'ippica». Lui non se ne cura, e quando fonda la sua fabbrica di biciclette battezza il primo modello Santamaria.

Coppi è separato; e già questo fa di lui una persona sospetta, invisa e invidiata, nell'Italia del 1948. Proprio quell'anno, all'arrivo di una classica, la Tre Valli Varesine, un medico, Enrico Locatelli, gli chiede un autografo. Orgoglioso della bellissima moglie, Giulia Occhini, gliela presenta. Fausto resta incantato. Comincia a scriverle. Dopo anni ottiene di vederla. Lei lo attende in cima allo Stelvio al Giro del 1953. Quell'anno Coppi vince il Mondiale a Zurigo; Giulia è sul palco. La chiamano la Dama Bianca, come il montgomery che indossa. Nel giugno 1954 i due innamorati vanno a vivere insieme, in una villa di Novi Ligure.

Lo scandalo è enorme. Gran parte dell'opinione pubblica è contro Coppi. Pure il Papa lo rimprovera. La moglie gli concede la separazione, ma Locatelli denuncia la Occhini per adulterio. Lei viene arrestata e passa quattro giorni in carcere, poi è costretta a trasferirsi a casa di una zia, ad Ancona.

La coppia più famosa d'Italia viene processata e condannata: due mesi a Fausto per abbandono del tetto coniugale, tre a Giulia, che è incinta. Evitano il carcere, ma al Campionissimo viene ritirato il passaporto. Si sposano in Messico. Il piccolo Faustino nasce a Buenos Aires, dove può ricevere il cognome Coppi; il primo marito di Giulia non intende disconoscere la paternità, e per la legge italiana il padre è lui. I tifosi, che all'inizio attribuivano le sconfitte del loro idolo alla Dama Bianca, cominciano a capire quanto sia assurda quella persecuzione.

La forza dell'amore tra Fausto e Giulia contribuisce a far evolvere il costume e le leggi, quindi a modernizzare il nostro Paese. E comunque i coppiani possono stare tranquilli. Il Campionissimo dichiara alla Gazzetta dello Sport: «Per anni ho fatto astinenza. Poi però ho provato a vincere un trofeo Baracchi dopo una notte d'amore. E quando ho battuto Patterson nel match di inseguimento al Vigorelli, dopo il Mondiale del 1953 a Lugano, avevo fatto l'amore nel pomeriggio».

In comune Coppi e Bartali hanno le origini popolari. Gino è nato alla periferia di Firenze, sulla strada che sale verso il Chianti. Il padre porta il toscanissimo nome di Torello e fa il muratore, la madre Giulia è contadina di giorno e ricamatrice la sera; ha messo al mondo Gino sulla soglia di casa, al ritorno da un convento dov'è stata a chiedere un posto da domestica. A 10 anni il piccolo è già nei campi. Per la prima comunione chiede e ottiene una bicicletta.

Fausto è il quarto di cinque figli. Anche la sua è una famiglia contadina: originaria del Lago Maggiore, si è trasferita a Castellania, dove il Piemonte sta per diventare Liguria. A 13 anni va a lavorare come garzone di una gastronomia – oggi si direbbe «rider» – a Novi, la città di Costante Girardengo, il grande ciclista dell'anteguerra: la sua villa è una tappa del giro di consegne del giovane Fausto. Ma l'incontro della vita è con Biagio Cavanna, allenatore e massaggiatore, destinato a diventare cieco: le sue foto mentre massaggia Coppi con le mani che vedono meglio degli occhi, coperti dalle lenti scure, restano nella memoria degli italiani che c'erano.

Bartali vince il suo primo Giro d'Italia nel 1936; ma nove giorni dopo vive il dolore più grande. Giulio, il fratello cui è legatissimo, cade durante una gara in Toscana e muore. Gino va in crisi, medita il ritiro, anche per non mettere in ansia i genitori; poi trova nella fede le ragioni per continuare, e rivincere il Giro nel 1937.

Coppi, di cinque anni più giovane, esordisce nel 1940 come gregario di Bartali. L'Italia prepara la guerra, ma si corre come se niente fosse. Nella seconda tappa Gino urta un cane, cade, si ferisce e scivola in fondo alla classifica. Fausto conquista la maglia rosa sull'Abetone, ma va in crisi sulle Dolomiti. Quando lo vede fermo sul ciglio della strada, piegato dal mal di stomaco, Bartali si ferma, lo rincuora, lo convince a ripartire, e lo tira fino a Pieve di Cadore. Il giorno dopo i due vanno in fuga sul Falzarego, il Pordoi, il Sella, e arrivano da soli a Ortisei: Bartali vince la tappa, Coppi il Giro. È il 9 giugno. Il giorno dopo l'Italia dichiara guerra alla Francia.

Gianni Brera scriverà a Bartali: «Coppi era il cuculo che nasceva nel tuo nido di trionfante colomba». In realtà, i due più celebri rivali dello sport italiano sono amici. Proprio come lo saranno Gianni Rivera e Sandro Mazzola, che nel 1968 fonderanno insieme l'Associazione calciatori.

I campioni dello sport più popolare avevano dovuto confrontarsi con il fascismo, che aveva necessità di arruolarli. Girardengo non aveva fatto troppa resistenza. Alfredo Binda era un fascista convinto e lo rimarrà anche dopo il 25 aprile. Learco Guerra invece era socialista, aveva partecipato ai moti popolari di Mantova, ma dovette adeguarsi al clima del tempo; vinse anche due volte la Predappio-Roma, massacrante gara di 470 chilometri istituita per celebrare il Duce. Antifascista dichiarato fu sempre Ottavio Bottecchia, il primo italiano a conquistare il Tour de France, nel 1924. Poverissimo, detto «il muratore del Friuli», analfabeta, Bottecchia aveva imparato a leggere sulle pagine della Gazzetta dello Sport. Medaglia di bronzo al valor militare nella Grande Guerra, avversava apertamente il regime. Fu trovato agonizzante il 3 giugno 1927 su una strada di Peonis, vicino a Gemona, disteso in una vigna con il cranio spaccato e la bicicletta appoggiata a un palo. Subito si pensò a un delitto politico; anche il parroco del paese, don Dante Nigris, disse che erano stati i fascisti. Il proprietario della vigna si autoaccusò: aveva ucciso Bottecchia perché gli aveva rubato l'uva. A giugno. Nel dubbio, al funerale Binda e Girardengo non si fecero vedere. Vennero invece i campioni francesi e belgi. Le camicie nere montarono il picchetto d'onore, come a marcare il territorio.

All'inizio della guerra l'Italia finge una normalità impossibile. Coppi continua a correre, conquista anche il record dell'ora al Vigorelli di Milano; poi però è richiamato alle armi: caporale in Africa, 38° reggimento di fanteria, divisione Ravenna. Prigioniero degli inglesi, autista a Napoli per la Raf, Royal Air Force, Coppi torna a Castellania in bici. La sua famiglia ha investito in titoli di guerra e perso tutto: il vincitore dell'ultimo Giro d'Italia è povero, e deve ricominciare da capo. Proprio come gli altri italiani.

Bartali invece non smette di allenarsi. Lo vedono scalare i passi dell'Appennino, sulle strade tra la Toscana e l'Umbria. Ma non è soltanto un modo di tenersi in forma. Gino è legato all'arcivescovo della sua città, il cardinale Elia Dalla Costa, capo di una rete che ha salvato centinaia di ebrei italiani dai campi di sterminio. Uno dei posti sicuri su cui può contare Dalla Costa è il convento delle clarisse di San Quirico ad Assisi, governato con pugno di ferro da madre Maria Giuseppina Biviglia. Servono documenti falsi per far fuggire al Sud già libero gli ebrei e gli antifascisti nascosti; occorre quindi qualcuno che possa andare in bicicletta da Firenze ad Assisi – 173 chilometri – in fretta e senza dare nell'occhio. Bartali è perfetto.

Al cardinale chiede solo: «Se mi beccano, cosa mi fanno?». «Ti fucilano sul posto» è la risposta. Gino fa di sì con la testa e parte, i documenti celati nella canna della bicicletta. Ad Assisi è accolto e rifocillato da tre suore: Amata, Alfonsina e Candida.

Quel viaggio diventa un'abitudine, al punto che i militi fascisti si insospettiscono. Non osano fermare

Bartali, che è forse l'uomo più amato d'Italia, ma bussano alla porta del convento, per controllare. La madre superiora risponde burbera: «Qui non potete entrare». «E perché mai?» «Perché questo è un convento di clausura, e sono secoli che un uomo non entra qui dentro.» I fascisti girano i tacchi e se ne vanno.

Si calcola che Bartali abbia salvato almeno ottocento persone nascoste dalle clarisse. Oggi è Giusto tra le Nazioni, riconoscimento che Israele non concede facilmente. E la cosa più incredibile è che non l'ha mai raccontato a nessuno, fino ai suoi ultimi giorni. Gli italiani che nel 1946 lo applaudono sulle strade del suo terzo Giro vittorioso non sanno di acclamare un eroe, e non solo dello sport.

Magni, presunto fascista

Invece Fiorenzo Magni, il terzo uomo del ciclismo italiano del dopoguerra, era andato a Salò. Alcuni storici sostengono che abbia collaborato alla caccia agli ebrei; altri che facesse il doppio gioco, aiutando i partigiani. Di sicuro il giovane conterraneo di Bartali – Magni era di Vaiano, vicino a Prato – si trovò a combattere dalla parte sbagliata. E fu accusato di aver preso parte al massacro di Valibona, dove cadde in un'imboscata con i suoi uomini Lanciotto Ballerini: anarchico, macellaio a Campi Bisenzio, capo forte e carismatico, un fratello partigiano in montagna, l'altro prigioniero nelle carceri fasciste.

Dopo la Liberazione, Magni finisce sotto processo. Bartali è chiamato a testimoniare, ma non si presenta. Però un altro campione, Alfredo Martini, futuro commissario tecnico della Nazionale, comunista, va a sostenere l'innocenza dell'amico. Magni viene prosciolto, anche grazie all'amnistia del 1947, firmata dal ministro della Giustizia Togliatti.

Del resto, è un uomo fortunato. Richiamato in Albania con il suo reparto di bersaglieri, ha ottenuto di partire qualche giorno dopo, per disputare una corsa: la nave su cui doveva viaggiare è stata affondata.

Al Giro del 1948, Magni arriva da outsider. Ma nella nona tappa, da Bari a Napoli, 306 massacranti chilometri tra l'Adriatico e il Tirreno, stacca Coppi e Bartali di undici minuti e mezzo. Fausto tenta la rivincita attaccando sul Pordoi, ma la squadra di Magni, la Wilier, ha piazzato i suoi tifosi lungo i tornanti più duri, perché lo aiutino. Spingere i campioni sulle salite era una prassi consueta, ma gli amici di Magni esagerano. Coppi ne chiede la squalifica, ottiene solo due minuti di penalità; dopo una drammatica notte di trattative, il Campionissimo si ritira. A Milano, Magni vince il suo primo Giro nei fischi, tra due ali di folla ululante. Quando vede lo striscione «Viva Coppi campione della bicicletta, abbasso Magni campione della spinta», scoppia a piangere.

Qualche anno dopo, però, Fausto e Fiorenzo si alleano contro un giovane rampante, Gastone Nencini, toscano del Mugello. Nencini sta dominando il Giro del 1955, ma fa uno sgarbo a Coppi: gli succhia la ruota per tutta la salita del passo Rolle, per poi scattare in vista della vetta e rubargli i punti della classifica scalatori. Secondo il Campionissimo, una maglia rosa non si comporta così; tanto più con lui, che a 36 anni è il decano del ciclismo. Così cerca Magni, che ne ha 34 e mezzo. Nella penultima tappa i due attaccano insieme e vanno in fuga per 170 chilometri, staccando Nencini.

Coppi vince la tappa, Magni il Giro. E Fiorenzo sarà ancora più eroico l'anno dopo, quando arriverà secondo – dietro allo scalatore lussemburghese Charly Gaul – con la clavicola rotta; e per reggersi morderà un tubolare legato al manubrio.

Magni è morto nel 2012, a 92 anni. Dei tre grandi ciclisti del dopoguerra è stato l'ultimo ad andarsene. Con un solo rimpianto: non aver mai vinto il Tour de France. Era maglia gialla nel 1950, quando un gruppo di nazionalisti francesi aggredì Bartali sui Pirenei: eravamo pur sempre il popolo della «pugnalata alle spalle» inferta dal Duce nel 1940. La squadra italiana per protesta si ritirò.

Nel 1946 era andata anche peggio. Il Giro doveva arrivare a Trieste, occupata dagli angloamericani e rivendicata dalla Iugoslavia. Un gruppo di sloveni fermò la corsa a colpi di pietre; si sentì anche qualche fucilata. Ma Giordano Cottur, triestino, volle arrivare lo stesso nella sua città. Diciassette corridori furono trasportati oltre il blocco dalle jeep americane e si giocarono la volata: vinse ovviamente Cottur, nel tripudio dei concittadini. Bruno Roghi annotò sulla Gazzetta: «I giardini di Trieste non hanno più fiori. Le campane di Trieste non hanno più suoni. Le bandiere di Trieste non hanno più palpiti. Le labbra di Trieste non hanno più baci. I fiori, i suoni, i palpiti, i baci sono stati tutti donati al Giro d'Italia».

Un uomo solo sull'Izoard

«Un uomo solo è al comando; la sua maglia è biancoceleste; il suo nome è Fausto Coppi.» Con un memorabile incipit il radiocronista Mario Ferretti apre la diretta della Cuneo-Pinerolo, terzultima tappa del Giro d'Italia del 1949.

Coppi è secondo in classifica, a 43 secondi da Adolfo Leoni. Il percorso sconfina in Francia, attraverso cinque massacranti passi: Maddalena, Vars, Izoard, Monginevro, Sestriere. Piove a dirotto, i ciclisti avanzano penosamente nel fango. Coppi è davanti, ma gli salta la catena. Bartali lo vede fermo al bordo della strada e scatta. Punto sul vivo, Fausto risale in sella, supera Bartali, lo stacca sull'Izoard – la montagna del trionfo di Gino l'anno prima al Tour –, percorre da solo 192 chilometri, rifila al rivale quasi 12 minuti, alla maglia rosa oltre 23.

Se la Rai aveva Ferretti, il Corriere della Sera ha sulle Alpi Dino Buzzati. Che così commenta l'impresa, dal punto di vista dello sconfitto: «Quando oggi, su per le terribili strade dell'Izoard, vedemmo Bartali che da solo inseguiva a rabbiose pedalate, tutto lordo di fango, gli angoli della bocca piegati in giù per la sofferenza dell'anima e del corpo – e Coppi era già passato da un pezzo, ormai stava arrampicando su per le estreme balze del valico – allora rinacque in noi, dopo trent'anni, un sentimento mai dimenticato. Trent'anni fa, vogliamo dire, quando noi si seppe che Ettore era stato ucciso da Achille. È troppo solenne e glorioso il paragone? Ma a che cosa servirebbero i cosiddetti studi classici se i loro frammenti a noi rimasti non entrassero a far parte della nostra piccola vita? Fausto Coppi certo non ha la gelida crudeltà di Achille: anzi, tra i due campioni, è certo il più cordiale e amabile. Ma in Bartali anche se scostante e orso, anche se inconsapevole, c'è il dramma come in Ettore, dell'uomo vinto dagli dei».

In quell'estate del 1949 Coppi vince anche il Tour: è il primo ciclista a imporsi in Italia e in Francia nello stesso anno.

La sorte lo attende sul traguardo della Milano-Torino del 1951. La ruota di Serse Coppi, il fratello di quattro anni più giovane, si infila nelle rotaie del tram, in corso Casale, sulla riva del Po. Mancano poche centinaia di metri all'arrivo al Motovelodromo. Serse picchia la testa. Non sembra grave, ma nella notte peggiora. Muore per emorragia cerebrale tra le braccia di Fausto.

Il Campionissimo non sarà più lo stesso. Il dolore lo avvicina a Bartali, che ha perso il fratello nello stesso modo. I due, del resto, sono sempre stati legati. Avere un rivale è importante nella vita; Bartali per Coppi era l'avversario ideale, e viceversa; senza mai diventare nemico. A loro modo si sono divertiti, e continuano a farlo anche dopo il ritiro; come quando vanno ospiti al «Musichiere», una delle prime trasmissioni tv, a prendersi in giro. «E sulle Alpi coperte di nevi... come perdevi, come perdevi» canta con la sua vocina sottile Coppi. «Giri d'Italia ne ho vinti tanti, senza mai prendere droghe eccitanti...» E Bartali, col suo vocione: «Giri d'Italia lui sì ne vinceva, ma le prendeva, oh se le prendeva...». Però quando chiedono a Bartali chi sia il più grande corridore di tutti i tempi, risponde: «Fausto Coppi». Fausto ovviamente ricambia. Siamo nel 1959.

Il 10 dicembre di quell'anno Coppi è invitato a una gara nell'Alto Volta, oggi Burkina Faso. È un pretesto per coltivare la sua passione per la caccia. Arriva secondo dopo Jacques Anquetil, poi prosegue per la riserva di Fada N'Gourma. Nella notte lui e il suo compagno di stanza, Raphaël Géminiani, vengono assaliti dalle zanzare. Tornati in patria, il 20 dicembre si telefonano: entrambi hanno la febbre. Géminiani si fa ricoverare in ospedale, Coppi va allo stadio a vedere la partita dell'Alessandria, incuriosito da quel sedicenne di cui si parla molto bene, Gianni Rivera. Géminiani entra in coma, gli trovano nel sangue i segni della malaria, lo curano con il chinino, lo salvano. Anche Coppi sta sempre peggio, non reagisce agli antibiotici né al cortisone. I medici francesi avvertono quelli italiani, che rispondono: «Voi pensate al vostro paziente, a Coppi pensiamo noi».

Il più grande ciclista italiano di tutti i tempi muore alle 8 del mattino del 2 gennaio 1960. Ha appena quarant'anni.

Quell'anno le vendite delle biciclette crollano del 60 per cento. L'Italia ormai non pedala più; va in moto, sulla Lambretta inventata dall'ingegner Innocenti; o in auto. Qualcuno comincia a prendere l'aereo: è l'anno delle Olimpiadi, a Roma si lavora freneticamente all'aeroporto di Fiumicino. Non abbastanza freneticamente: lo scalo della capitale non sarà finito in tempo, verrà inaugurato nel 1961.

Il capitano non ruba

Per anni, però, l'aereo sarà guardato con sospetto dagli italiani. Dagli sportivi in particolare. Per una generazione di campioni e di tifosi, ogni atterraggio difficile, ogni turbolenza, o anche solo il passaggio di un «apparecchio», come si diceva allora, si accompagnava a un brivido di paura. Un incidente aereo aveva chiuso la storia della più forte squadra di calcio del dopoguerra. Uno dei simboli dell'Italia della Ricostruzione.

Bacigalupo, Ballarin, Maroso; Grezar, Rigamonti, Castigliano; Menti, Loik, Gabetto, Ossola... Per anni i ragazzi hanno mandato la formazione a memoria. Una squadra formidabile, di amici veri. Ma i personaggi cruciali del Grande Torino sono il capitano, Valentino Mazzola, e lo stratega: Ernő Egri Erbstein.

Quella di Mazzola è la famiglia più povera di Cassano d'Adda. Cinque fratelli. Il maggiore entra ed esce di galera: collezionerà sessanta condanne per furto. Valentino scappa di casa per non andare a rubare. A Venezia si arruola in marina e chiede invano di provare nella squadra di calcio della città: «È un marinaio? Che faccia il marinaio!». Interviene uno zoppo che fa un po' da talent scout: «Questo ragazzo è bravo, lasciatelo provare!». Alla fine lo prendono.

Nel 1942 il Torino arriva secondo in campionato, dietro la Roma. Decisiva è la sconfitta contro il Venezia, a tre giornate dalla fine. Il presidente del Toro, Ferruccio Novo, che ha lasciato l'azienda di macchine agricole al fratello Mario per concentrarsi sul calcio, compra l'ala destra del Venezia, Ezio Loik, e il capitano: Mazzola. La squadra torinese ha molti atleti venuti dal Nord-Est, quando non dal confine orientale: Giuseppe Grezar è triestino; il terzino Aldo Ballarin e suo fratello Dino, portiere di riserva, sono di Chioggia; Virgilio Maroso è di Marostica; Romeo Menti di Vicenza; Loik è di Fiume, città italiana divenuta iugoslava: un motivo in più per vedere nelle vittorie granata il segno della riscossa nazionale.

Quando il Torino è in difficoltà, o semplicemente quando dà l'impressione di rilassarsi, dagli spalti dello stadio Filadelfia si odono tre squilli di tromba; è un tifoso, sempre lo stesso, Oreste Bolmida, ferroviere, che suona la carica. Allora Valentino Mazzola, divenuto leader della squadra, si arrotola le maniche, i tifosi lo spronano picchiando i piedi sulle tribune di legno, i compagni aumentano il ritmo, e quasi sempre segnano. Goleade omeriche: 5 a 0 alla Juventus, 6 a 2 all'Inter, 7 a 2 alla Fiorentina, 7 a 1 al Genoa, 7 a 0 alla Roma, 10 a 0 all'Alessandria, che resta il record assoluto della serie A. Una domenica il Toro sta perdendo 3 a 0 con la Lazio: si sente suonare la tromba, il capitano si sistema la maglia, i granata fanno tre gol in pochi minuti; Mazzola firma il quarto, poi addormenta la partita.

Il primo scudetto è del 1943. Quell'anno il Toro vince anche la Coppa Italia, proprio contro il Venezia: è la prima squadra a centrare la doppietta. Verranno altri quattro campionati di fila.

Per non essere richiamato alle armi, Valentino diventa operaio Fiat. Arrotonda aprendo un negozio di palloni da calcio. Si è separato dalla moglie, vive a Torino con la nuova compagna e con il figlioletto Sandro. Ogni tanto lo vuole con sé al Filadelfia e gli fa tirare i rigori. Bacigalupo agita le braccia come fa in campionato: la porta sembra piccolissima, lui enorme; poi però si butta da una parte, il bambino tira dall'altra, segna, fa il giro del campo esultando; Bacigalupo strizza l'occhio al capitano.

Il Grande Torino gioca anche in Nazionale. Nell'amichevole del 1947 contro l'Ungheria scendono in campo dieci granata: tutti tranne il portiere, Sentimenti IV, che è della Juve. L'interista Benito Lorenzi detto «Veleno», ex ragazzo di Salò, cattolicissimo, carattere impossibile, è convocato sempre, ma non gioca mai. Mazzola dice al commissario tecnico di metterlo in campo almeno una volta; Vittorio Pozzo esegue.

L'artefice del prodigio è un allenatore ungherese, Ernő Egri Erbstein, che tutti chiamano Ernesto. Nato in Transilvania, la terra di Dracula, ha giocato nell'Hakoah, la squadra degli ebrei di Vienna. Ha portato le sue idee rivoluzionarie in Italia, nelle squadre di provincia: Nocerina, Bari, Lucchese. Abituati a difesa e contropiede, gli avversari non si raccapezzano contro un tecnico che impone un calcio totale, votato all'attacco, fatto di possesso palla e tocchi rapidi: in tre stagioni la Lucchese scala tre divisioni, fino alla serie A.

Gli allenatori ungheresi, del resto, sono di gran moda. Il più celebre è Árpád Weisz, pure lui ebreo, che ha vinto uno scudetto con l'Ambrosiana, il nome autarchico che il Duce ha imposto all'Inter, e due con il Bologna. È Weisz a lanciare il più grande calciatore italiano di tutti i tempi, Giuseppe Meazza.

Erbstein va ad allenare il Torino nel campionato del 1938. È in testa alla classifica quando, pochi giorni prima di Natale, entrano in vigore le leggi razziali. Ernesto capisce che è il momento di lasciare l'Italia; andrà a Rotterdam, sulla panchina del Feyenoord. L'accordo con il presidente Novo è che non si perderanno di vista. Sarà lui a raccomandare l'acquisto di Valentino Mazzola.

Anche Weisz fugge in Olanda, a Dordrecht, dove pensa di essere al riparo dalla storia. Ma nel 1940 il Paese è invaso dai nazisti. Erbstein riesce a fuggire nella sua Budapest, dove trova rifugio dalla bufera nel negozio di tessuti che gestisce con il fratello, scampando ai rastrellamenti delle Croci frecciate. Weisz viene preso con la famiglia. La moglie e i figli finiscono subito nelle camere a gas. Lui sopravvive in un campo di lavoro dell'Alta Slesia; poi viene portato ad Auschwitz, dove muore la mattina del 31 gennaio 1944.

Nel 1946 Erbstein è di nuovo a Torino. Consigliere del presidente, poi direttore tecnico. Si occupa di ogni dettaglio: inventa il riscaldamento prepartita; tiene unito il gruppo organizzando tornei di bocce e corse nei sacchi; porta il Toro in giro per il mondo. Nel 1948 si inventa una tournée in Brasile, quattro partite con Palmeiras, Corinthians, Portuguesa, São Paulo, tra folle in delirio. José Altafini, astro nascente del calcio brasiliano, sceglie come soprannome Mazzola.

Il viaggio di ritorno è tormentato. Il quadrimotore della Panamerican è troppo piccolo, le raffiche di vento lo scuotono, i fulmini lo fanno sussultare. In Italia arriva la notizia che un aereo è caduto nell'Atlantico: i morti sono almeno 50. Ma non è quello del Torino, che è tornato indietro, per rientrare il giorno dopo.

Il Toro è in trasferta

Il primo maggio 1949 i campioni partono per Lisbona. Il capitano del Benfica, Chico Ferreira, voleva organizzare un'amichevole con una squadra italiana. In un primo tempo aveva pensato al Bologna; poi, dopo il sì del suo amico Valentino Mazzola, ha scelto i granata. Il presidente Novo ha posto una sola condizione: non perdere in casa dell'Inter la domenica prima. Missione compiuta, grazie anche a «Veleno» Lorenzi, che ha sbagliato un gol clamoroso.

È una vacanza, una festa. Mancano quattro giornate alla fine del campionato, che ormai è quasi vinto. Dopo la partita ci sarà una cena sontuosa nel miglior ristorante della città. Sull'aereo però non c'è posto per tutti.

Partono in trentuno, tra giocatori, tecnici, dirigenti e il massaggiatore, Osvaldo Cortina. Sauro Tomà, terzino di riserva, resterà a Torino per un infortunio al ginocchio. Sono a bordo gli inviati dei giornali torinesi: La Gazzetta del Popolo manda Renato Tosatti, papà di due bambini che diventeranno anche loro giornalisti, Giorgio e Marco; per Tuttosport parte il fondatore, Renato Casalbore; per La Stampa dovrebbe venire Vittorio Pozzo, che dopo quindici anni ha lasciato la guida della Nazionale e ora scrive di calcio sul quotidiano della Fiat; ma ha litigato con Novo, preferisce andare a Wembley per la finale della Coppa d'Inghilterra; al suo posto verrà Luigi Cavallero.

Anche Nicolò Carosio, il leggendario radiocronista, la voce del calcio italiano, rinuncia al viaggio: ha promesso alla moglie che sarebbe andato alla cresima del figlio.

Aldo Ballarin ha convinto il presidente a portare suo fratello Dino, che ora è il terzo portiere. Nessuno ha il coraggio di avvisare il secondo, Renato Gandolfi, che dovrà restare a casa. Glielo dicono all'ultimo minuto. Gandolfi ci resta malissimo.

Il pomeriggio del 4 maggio 1949 il cielo sul Nord Italia è buio. Piove. A bordo si dorme, si gioca a carte, si ride. Il volo ha fatto scalo a Barcellona, dove i granata hanno incontrato i colleghi del Milan, diretti a Madrid. «Contro il Benfica ho fatto brutta figura,» sorride Mazzola con il suo amico Carapellese «dopo pochi minuti ho sbagliato un gol a porta vuota davanti a 40 mila persone.» La sconfitta – 4 a 3 per i portoghesi – è di quelle che non fanno male.

Adesso, in vista di casa, qualcuno getta uno sguardo preoccupato fuori dal finestrino. Il programma prevede che il trimotore Fiat G.212 delle Avio Linee Italiane atterri a Malpensa, dove è in attesa il Conte Rosso, il mitico pullman della squadra; ma il comandante, tenente colonnello Meroni, annuncia: «Vi porto direttamente a Torino». L'aereo comincia la discesa verso il Po, punta sulla città, si ritrova accecato dalla nebbia. Da quassù la collina di Superga, che domina il fiume, proprio non si vede.

Il primo ad accorrere è il cappellano della basilica, dove riposano gli avi dei Savoia. Ha sentito un rombo troppo vicino, uno schianto terribile contro le fondamenta della sua chiesa, una scossa come di terremoto. Poi il silenzio. Il prete non può far altro che benedire le spoglie della più grande squadra italiana del suo tempo.

Arriva in città Dino Buzzati e annota: «Il dolore dei torinesi non è fatto di grida, di pubbliche lacrimazioni, di folle in lutto. Ma si rifugia negli angoli, ha pudore, preferisce non farsi vedere». Le madri di Castigliano e Rigamonti, le mogli, le fidanzate chiedono invano di poter vedere i loro uomini: le guardie dell'obitorio hanno l'ordine di non far passare nessuno. «I corpi, o meglio ciò che era stato collocato nei due stanzoni, quegli spaventosi e nefandi resti – contorte membra, maschere inumane, monconi abbruciacchiati – nulla avevano a che vedere con le splendide creature che le donne piangevano per morte. ... Gabetto, Maroso, Rigamonti, i vostri campioni, non si trovano fra quelle lugubri tavole. Sono lontani. Se mai, provate a sfogliare il quaderno del ragazzetto che stamattina si appartava in afflizione: là forse li ritroverete, su quelle innocenti pagine, per sempre intatti e puri.»

A riconoscere i resti è l'ex commissario tecnico della Nazionale due volte campione del mondo, Vittorio Pozzo, tenente degli alpini nella Grande Guerra. Dirà che il Torino è morto «in azione»; «come uno di quei plotoni di arditi che in guerra uscivano dalla trincea, coi loro ufficiali, al completo, e non ritornava nessuno».

Indro Montanelli scrive un bellissimo pezzo raccontando dei ragazzi che ogni mattina guardava giocare a pallone, davanti alla chiesa di San Marco, a Milano, chiamandosi l'un l'altro Mazzola, Gabetto, Bacigalupo, e che quel giorno hanno ripreso mestamente ognuno il proprio nome; per esempio «Mazzola» si chiama in realtà Dubini Mario e gioca in quarta B. «Già domani l'erba comincerà a crescere sulla tomba di quei diciotto giovani atleti che sembravano simboleggiare una omerica, eterna, miracolosa giovinezza. Come possono rendersene conto i ragazzi di piazza San Marco e di tutta Italia? Gli eroi sono sempre stati immortali, agli occhi di chi in essi crede. E così crederanno, i ragazzi, che il Torino non è morto; è soltanto in trasferta.»

Al funerale però i torinesi perdono le consuete inibizioni. A migliaia piangono disperati, seguendo le carrozze con i cavalli, ognuna con la sua bara, sotto la pioggia che continua a scendere, provocando inondazioni in tutta la provincia. I giornali scrivono che nelle vie ci sono almeno un milione di persone. In testa, i genitori, le mogli, i figli dei campioni. Tutti tranne uno.

Non si trova più Sandro Mazzola, il primogenito del capitano. La compagna di Valentino l'ha rapito; forse per questioni di eredità, forse per avere ancora con sé un pezzo del proprio uomo. I carabinieri lo cercano, invano. La moglie di Mazzola chiede aiuto ai tifosi del Toro, che lo trovano dopo un mese, nascosto in un mulino. Sandro torna a Cassano d'Adda dalla madre e scopre di avere un fratello più piccolo, Ferruccio.

Nelle ultime quattro giornate di campionato il Torino manda in campo i ragazzi delle giovanili, che regolarmente battono i coetanei schierati in segno di rispetto da Genoa, Palermo, Sampdoria, Fiorentina.

Il River Plate viene in Italia a giocare una partita amichevole contro il Torino Simbolo, una selezione dei migliori calciatori del campionato italiano: Nordahl del Milan, Lorenzi dell'Inter, Boniperti della Juve scendono in campo con la maglia granata. Finisce 2 a 2: per il Toro immaginario segnano Nyers dell'Inter e Annovazzi del Milan. L'incasso va agli orfani di Superga.

A Giulianova si decide di dedicare lo stadio, ancora senza nome, a una delle vittime, estratta a sorte. È una storia raccontata da Andrea Bacci in *Campioni per sempre*, opera di sedici scrittori, pubblicata da Absolutely

Free. Chi spera in Mazzola, chi in Loik, chi in Gabetto. Viene sorteggiato Rubens Fadini: una riserva. Qualcuno rimase deluso. Ma da allora lo stadio di Giulianova porta il suo nome. Quello di San Benedetto del Tronto viene dedicato invece ai fratelli Ballarin.

Non sempre i tifosi saranno così sportivi. Nei derby torinesi, Superga viene spesso evocata a sproposito dai bianconeri. Un bambino di terza elementare, tifosissimo granata, Massimo Gramellini, scrive che a edificare la basilica è stata la Juve, per farci schiantare il Toro: non a caso l'architetto si chiama Juvarra.

A adottare i piccoli Sandro e Ferruccio Mazzola sarà Benito Lorenzi. Ogni domenica «Veleno» entra in campo tenendoli per mano. Quando l'Inter vince, fa pagare il premio partita anche a loro. È devoto alla memoria di Valentino che l'ha fatto giocare in Nazionale e pensa che, se sarà buono con i suoi figli, il capitano gli farà vincere finalmente uno scudetto. E poi si sente in colpa: se avesse segnato quel gol al Toro, Mazzola e gli altri non sarebbero morti. Così ogni anno porta i ragazzi a Superga, litigando furiosamente con ogni automobilista che incontra.

Lo choc per il calcio italiano è tale che ai Mondiali del 1950 la Nazionale va in Brasile in nave, come ai tempi dei primi immigrati. Il piroscafo impiega due settimane, ma gli allenamenti terminano quasi subito: tutti i palloni sono finiti in mare; mezzo secolo dopo Giampiero Boniperti confesserà che lui e i compagni li hanno calciati fuori bordo apposta.

L'Italia sarà eliminata al primo turno.

L'Inter di Benito Lorenzi vincerà due scudetti di fila.

Sei

I RICOSTRUTTORI

Vittorio Valletta, Adriano Olivetti, Enrico Mattei, Luigi Einaudi, Lina Merlin

Nel primo pomeriggio del 14 luglio 1948 Vittorio Valletta, capo della Fiat, è nel suo ufficio a Mirafiori con Oscar Cox, uomo-chiave del piano Marshall. Entrano d'un tratto tre operai armati di Sten, i mitra dei partigiani. Gridano che hanno sparato a Togliatti e la Fiat è occupata. Valletta alza la testa, punta il dito e dice agli uomini che sembrano pronti a ucciderlo: «Per prima cosa, quando tutto questo finirà, voi sarete licenziati».

Poi dà ordine di mettere un aereo privato della Fiat a disposizione di Aldo Togliatti, il figlio di Palmiro, affinché possa andare il più presto possibile al capezzale del padre.

Valletta sente che si sta giocando una partita decisiva. I capi del partito comunista, da Gramsci a Togliatti, da Longo a Secchia, da Pajetta a Terracini, sono stati e sono torinesi, per nascita o formazione. Qui, a Torino, si combatte la partita decisiva, per stabilire a chi – tra i padroni e gli operai, tra Valletta e i comunisti – tocca guidare la Ricostruzione e portare il Paese nella modernità. È una partita che il Professore, come lo chiamano, vuole condurre di persona, sino alla vittoria.

A mezzanotte il capo è ancora prigioniero nella fabbrica occupata. Si mette in contatto con il generale dei carabinieri che comanda la piazza di Torino. Non per ricevere disposizioni; per dargliene. L'ordine pubblico, nella capitale dell'industria, dipende dalla Fiat. E le disposizioni di Valletta sono queste: «Nessuna forza armata venga mandata in stabilimento, salvo il caso di mia richiesta». Allora i militari avranno «l'ordine di sparare, anche se a scudo degli occupanti si fosse presentato il mio corpo». Il giovane vicepresidente della Fiat, Gianni Agnelli, telefona al ministro dell'Interno Scelba, «interpretando sicuramente il pensiero del professor Valletta», e gli chiede di non far nulla per liberarlo. Infatti si libererà da sé.

Valletta: piccolo e cattivo

Alla guerra mondiale Valletta è sopravvissuto facendo il doppio gioco, a volte il triplo. Tratta, blandisce, informa, corrompe. Viene arrestato tre volte, ma salva i suoi operai dalla deportazione. Si proclama pronto a collaborare allo sforzo bellico tedesco; poi indica agli Alleati gli stabilimenti da colpire, per evitare di vederli smantellare e trasferire in Germania; e passa borse di denaro nottetempo ai partigiani dei Gap. Il caso vuole che l'officina 17 venga distrutta dai bombardamenti la notte prima di essere smontata e rimontata nelle gallerie della Gardesana, vicino a Salò; e che il generale Hans Leyers, incaricato per l'Italia degli approvvigionamenti industriali, dopo la guerra sarà ricompensato con una consulenza presso la Deutsche Fiat. I partigiani che entrano in Torino vorrebbero liberarsi di lui, Giorgio Amendola annuncia in sala mensa la sua condanna a morte; ma gli americani lo riportano presto al comando.

L'abitudine al doppio gioco l'ha sempre avuta. Qualche anno prima, Bruno Villabruna, avvocato di un azionista biellese in una causa contro la Fiat, ha chiesto aiuto a Valletta, esperto di contabilità, che ha accettato di fare da perito d'accusa. Ma al processo avviene il colpo di scena: Valletta passa dalla parte della difesa; la Fiat è assolta, lui è assunto.

È di origine piccolo-borghesi: il padre, Federico, è un ufficiale siciliano sopravvissuto a duelli disastrosi; la madre, Teresita, una nobildonna lombarda impoverita. Il piccolo Vittorio è nato a Sampierdarena, il quartiere operaio di Genova, e a 7 anni si è trasferito a Torino, nel «casone», un palazzo grigio di San Salvario, vicino alla ferrovia. «Ho conosciuto la miseria del colletto duro» dirà di sé. Un po' come il suo vero successore, Cesare Romiti.

Valletta non è brillante, ma solido. «Cit e gram», piccolo e cattivo. Non un economista; un ragioniere. Massone. Anticomunista, non conservatore. Ha tentato con la politica, nel partito socialista; ma il palco del suo primo comizio, a Quattordio, Alessandria, è crollato miseramente. Il sorriso scopre una dentatura equina e una capsula d'oro. È sempre abbronzato: il suo unico vezzo è una delle primissime lampade al quarzo. In ufficio arriva su una Topolino dal motore truccato, poi sostituita da una 500. Tiene a timbrare il cartellino, numero 1 ovviamente. Ha sposato la segretaria, Carmela, come ha fatto Vincenzo Lancia e come farà Michele Ferrero. Ha una figlia malata, Fede, cui è legatissimo, destinata a morte precoce.

L'idea di Valletta è semplice: fare dell'Italia un Paese industriale, e della Fiat la prima industria d'Italia.

Non è un disegno condiviso. È un'intuizione d'avanguardia.

Nel 1946 il ministero per la Costituente convoca i capi dell'economia italiana. Quasi tutti disegnano scenari modesti e impauriti. Angelo Costa considera le grandi fabbriche «innaturali» per il Paese; del resto, il 42 per cento della popolazione lavora in campagna. Gaetano Marzotto pensa che «la nostra industria si sia fin troppo allargata». Pasquale Gallo, commissario dell'Alfa Romeo, prevede che l'Italia diventerà «un Paese artigiano».

Valletta, con Oscar Sinigaglia della Finsider, è l'unico a esprimere la propria fiducia nella nazione, a dire che lo sviluppo è possibile, sta per arrivare; lui non intende limitarsi a «riparare il buco nel tetto e mettere i vetri nuovi alle finestre»; vuole motorizzare l'Italia. Auto, gomme, petrolio, asfalto. Il progresso imporrà un prezzo altissimo, in termini di fatica, inquinamento, consumo del territorio; ma per gli italiani del tempo il problema non è lo sviluppo sostenibile, tantomeno la decrescita felice; è la fame, è la miseria.

All'erede designato, Gianni, nipote del fondatore, Valletta dice: «Dottor Agnelli, ci sono soltanto due possibilità: o fa lei il presidente, o lo faccio io». «Professore, lo faccia lei» è la risposta.

Ogni sera rientra a casa alle otto. Tranne il mercoledì, quando prende il vagone letto per Roma, dove vede De Gasperi, Scelba, Pella, Mattei e due amici personali che diventeranno entrambi capi dello Stato: il toscano Giovanni Gronchi, che Raffaele Mattioli, capo della Banca commerciale, gli ha presentato durante la guerra quando era solo il padrone di una fabbrica di vernici; e il piemontese Giuseppe Saragat. A volte fa visita al Papa; sempre, all'amante. La sera passa al Grand Hotel a riferire l'esito della missione a Gianni Agnelli. I due hanno questo rito. L'Avvocato gli chiede: «Professore, è ora di cena. Vuole mangiare qualcosa?». Lui tira fuori una mela, la sbuccia con un temperino, e si fa portare a Termini in tempo per il vagone letto del ritorno. E per timbrare a Mirafiori il venerdì mattina.

La ricostruzione di Valletta parte dall'azienda. Durante la guerra si è preso cura degli operai e delle loro famiglie. Agli spacci alimentari Fiat si distribuiscono centomila minestre al giorno; l'ufficio assistenza fornisce biancheria, vestiti, scarpe, legna da ardere e le «patate Fiat»; si arriva ad allevare clandestinamente maiali. Le colonie di Ulzio, Marina di Massa e Misano Adriatico ospitano i figli dei dipendenti che non possono sfollare in campagna.

La Fiat è maternalista. Nel dopoguerra i suoi dipendenti sono i più pagati d'Italia. Un operaio di terza categoria, quasi la metà del totale, può arrivare a 50 mila lire al mese, quasi il doppio del minimo contrattuale. La Mutua Fiat assiste gratis 182 mila persone. Valletta proclama: «Il socialismo ve lo faccio io». Un socialismo autoritario, però. Per i «distruttori», gli operai comunisti, prepara la repressione. Anche se – va ricordato –

Valletta, per quanto geniale ed energico, non avrebbe potuto fare nulla senza l'immane sforzo di centinaia di migliaia di lavoratori, tra cui moltissimi arriveranno dal Sud.

Quando l'insurrezione seguita all'attentato a Togliatti si placa, cominciano i processi. Valletta è testimone d'accusa al procedimento contro i suoi sequestratori. Li fa assolvere. Assicura di non aver subìto nessun tipo di violenza o di coercizione. Non lo fa per bontà d'animo, ma solo perché vuole punirli lui, di persona.

Ora che tutto questo è finito, può licenziarli.

Quando lascia, nel 1966, la Fiat fabbrica 4.796 automobili al giorno, 15 volte più che nel 1948. Gli chiedono: «Cosa vuol fare ora?». Risponde: «Morire il più presto possibile». Sarà accontentato l'anno dopo. Gianni e Umberto Agnelli, in vacanza nel Pacifico, vengono avvisati da un elicottero dei marines.

Olivetti: il nostro Steve Jobs

«Le cene di solito consistevano in una minestrina di Liebig, molto cara a mia madre, e che la Natalina faceva sempre troppo brodosa; e in una frittata. Gli amici di Gino dunque dividevano con noi queste cene, sempre identiche; poi ascoltavano, intorno alla tavola, le storie e le canzoni di mia madre. Fra questi amici ce n'era uno, che si chiamava Adriano Olivetti; e io ricordo la prima volta che entrò in casa nostra, vestito da soldato, perché faceva, a quel tempo, il servizio militare; ed erano, lui e Adriano, nella stessa camerata.»

Così Natalia Ginzburg mette in scena in *Lessico famigliare* un amico di suo fratello Gino. «Adriano aveva allora la barba, una barba incolta e ricciuta, di un colore fulvo; aveva lunghi capelli biondo-fulvi, che s'arricciolavano sulla nuca, ed era grasso e pallido. La divisa militare gli cadeva male sulle spalle, che erano grasse e tonde; e non ho mai visto una persona, in panni grigio-verdi e con pistola alla cintola, più goffa e meno marziale di lui. Aveva un'aria molto malinconica, forse perché non gli piaceva niente fare il soldato; era timido e silenzioso; ma quando parlava, parlava allora a lungo e a voce bassissima, e diceva cose confuse e oscure, fissando il vuoto coi piccoli occhi celesti, che erano insieme freddi e sognanti. Adriano, allora, sembrava l'incarnazione di quello che mio padre usava definire "un impiastro"; e tuttavia mio padre non disse mai di lui che era un impiastro, né un salame, né un negro: non pronunciò mai al suo indirizzo nessuna di queste parole. Mi domando perché: e penso che forse mio padre aveva una maggiore penetrazione psicologica di quanto noi sospettassimo, e intravide, nelle spoglie di quel ragazzo impacciato, l'immagine dell'uomo che Adriano doveva diventare più tardi. Ma forse non gli diede dell'impiastro soltanto perché sapeva che andava in montagna; e perché Gino gli aveva detto che era antifascista.»

A 17 anni, dopo Caporetto, Adriano Olivetti si arruola volontario negli alpini, per combattere gli austriaci. A 25 guida l'auto su cui Filippo Turati, storico leader socialista, fugge da Milano, dov'è sorvegliato dalla polizia. Adriano lo porta a Torino, proprio a casa di Natalia Ginzburg (non a caso finirà per sposare sua sorella Paola), e poi a Savona, dove Turati è atteso da Sandro Pertini che lo condurrà in Corsica.

Patriota, umanista, Olivetti è prima di tutto un industriale. Suo padre fabbricava macchine da scrivere; lui vuole diventare il primo produttore al mondo di computer, grazie all'incontro con un ingegnere geniale, Mario Tchou, figlio di un diplomatico cinese che lavora all'ambasciata presso il Vaticano. Olivetti è senz'altro tra gli uomini che hanno ricostruito l'Italia. Ma è anche un binario morto della storia; e non solo perché l'azienda che porta il suo nome di fatto non esiste più.

Olivetti progettava una ricostruzione e uno sviluppo diversi da quelli che l'Italia ha avuto. Era un sognatore e nello stesso tempo un programmatore. Si pensava come un incrocio tra un principe rinascimentale e un educatore, tra Federico da Montefeltro e Maria Montessori. Il quartiere di Ivrea in cui sorse l'Olivetti somiglia all'Addizione Erculea di Ferrara, il primo quartiere rinascimentale d'Italia e quindi del mondo: vie dritte, palazzi squadrati, prospettive razionali, come nella *Città ideale*.

Il padre, Camillo, è ebreo. La madre, Luisa, è valdese, come il suo amico Willy Jervis, il capo partigiano ferocemente torturato e ucciso dai nazifascisti, riconosciuto dalla Bibbia che portava sempre con sé; Adriano scrive alla vedova Lucilla una lettera per chiederle «l'onore di farsi carico dell'educazione dei figli».

Accanto agli ingegneri, Olivetti assume i migliori scrittori e intellettuali italiani. Il suo segretario personale è Geno Pampaloni, raffinato critico letterario. Capo del personale è Paolo Volponi, che prima è stato responsabile dei servizi sociali dell'azienda: biblioteca da 150 mila volumi, centro studi, mostre, concerti, asili, mense, ambulatori. I colloqui ai neoassunti li fa Ottiero Ottieri, che nello stabilimento Olivetti di Pozzuoli scrive un romanzo autobiografico, *Donnarumma all'assalto*, forse il miglior racconto della Ricostruzione che si fa boom economico. Ci sono Giovanni Giudici e Franco Fortini, l'urbanista Mario Astengo e i migliori talenti della giovane generazione: il sociologo Franco Ferrarotti, il designer Ettore Sottsass, il finanziere Gianluigi Gabetti, il giornalista Nello Ajello; e un ragazzo torinese, Furio Colombo, che Adriano manda in America, dove ha comprato la più grande fabbrica di macchine da scrivere, la Underwood. Fonda anche un partito, Comunità; ma l'unico eletto in Parlamento è lui. Rinuncerà al seggio.

Il sogno di Olivetti è dare all'Italia una cultura industriale moderna. Un progetto in cui far confluire cristianità e umanesimo, le scienze sociali e l'arte, la tecnologia e la bellezza. Sugli operai Fiat vigilano ex carabinieri; su quelli Olivetti vegliano i primi psicologi.

I suoi designer inventano oggetti tra i più belli del Novecento, come la mitica Lettera 22. Proprio nel 1948 viene creato un gruppo di lavoro che metterà a punto una diavoleria mai vista in un ufficio italiano: la calcolatrice, battezzata Divisumma. Nasce la divisione elettronica: nel 1955 Adriano strappa Mario Tchou alla Columbia University di New York, gli affianca gli scienziati dell'università di Pisa; ed ecco l'Olivetti Elea, il migliore «cervello elettronico» – la parola computer non è ancora entrata nel lessico italiano – del mondo.

Olivetti poteva essere il nostro Steve Jobs, e il Canavese la sua Silicon Valley; ma l'Italia era un Paese vinto, e non avrebbe mai potuto sostituire il Paese vincitore, l'America, nel guidare la corsa alla modernità.

Adriano muore all'improvviso il 27 febbraio 1960, su un treno diretto a Losanna, in Svizzera, dove sta andando a chiedere prestiti per nuovi investimenti. Non ha ancora 59 anni. Si parla di emorragia cerebrale, ma l'autopsia non si farà mai.

Un anno dopo muore Mario Tchou: il suo autista, che non ha mai avuto un incidente in vita sua, perde il controllo sull'autostrada Milano-Torino, e si schianta contro un furgone. Le voci che già sono circolate alla morte di Adriano prendono corpo. In molti a Ivrea sono tuttora convinti che l'ingegner Tchou sia stato assassinato dalla Cia, per favorire l'industria Usa.

Ovviamente, prove non ce ne sono. E sarebbe comunque finita così, con l'egemonia americana ripristinata e i progetti di Adriano consegnati ai libri di storia. A ogni buon conto, la divisione elettronica dell'Olivetti viene venduta alla General Electric.

Ma la bestia nera degli americani è Enrico Mattei: uomo-chiave della Ricostruzione, vero capo della politica estera italiana, fondatore di quello che è oggi il più grande gruppo industriale del Paese. La sua statura continua a crescere con il passare del tempo che ci separa dalla sua morte. Tuttora misteriosa.

Mattei ha fatto, se possibile, qualcosa di più che inventare l'Eni e dare all'Italia una politica dell'energia indispensabile al decollo industriale. Mattei ha restituito agli italiani dignità nazionale, fiducia in loro stessi, consapevolezza di non essere condannati al ruolo dei vinti, ma di poter giocare la propria partita sullo scacchiere internazionale. E, se anche davvero il suo aereo fosse caduto a Bascapè per un incidente, in ogni caso Mattei avrebbe comunque pagato in vita un prezzo altissimo per il suo coraggio.

Prima dell'avventura dell'Eni, è stato il comandante militare della Resistenza cattolica, e resterà sempre questo: un capo partigiano, convinto che tutto si risolve con le armi, o almeno con la forza; e la principale arma con cui si combatte la guerra fredda è il petrolio. Se l'Italia non lo avrà, se sarà esclusa dal «grande gioco» delle materie prime, non conterà mai nulla. Mattei però sa essere autorevole e persuasivo, senza alzare la voce; quando nella Milano ancora occupata dai nazisti cerca un posto tranquillo da dove dirigere l'insurrezione, bussa a un convento di clausura; la madre superiora risponde come la sua collega di Assisi ai fascisti – «sono secoli che un uomo non entra qui dentro» –, ma lui replica: «Io rappresento il governo legittimo dell'Italia libera». Si aprono così le porte del monastero; e molte altre se ne apriranno.

Mattei contro le Sette Sorelle

Enrico Mattei è di Acqualagna, paese di tartufi. Dal padre, brigadiere dei carabinieri, ha preso un forte senso del dovere e della patria. Ha fatto le elementari a Matelica, da dove attingerà tecnici e quadri per la Snam, Società nazionale metanodotti, il cui acronimo verrà riletto come «Siamo nati a Matelica».

Mattei del resto non è un santo. Conosce le debolezze degli uomini, ed è pronto a usarle. Fa raccogliere dossier e accumulare fondi neri. Qualcuno lo addita come il vero iniziatore della corruzione, inchiodandolo a una frase celebre, chissà se autentica: «Uso i partiti come si usano i taxi; pago, percorro un tratto di strada, e scendo». Di sicuro attorno all'Eni ruotarono personaggi oscuri, uomini dei servizi segreti, faccendieri, avventurieri. Ma il bilancio dell'uomo è nelle cose che ha fatto; e Mattei è un personaggio della tempra dei fondatori, anzi dei ricostruttori.

Non ha potuto studiare, e per tutta la vita avrà il gusto dell'autodidatta. Istituisce un premio per giovani artisti; fonda un quotidiano, Il Giorno, che cambierà il giornalismo italiano; si circonda di uomini di mano ma anche di intellettuali, come il poeta Leonardo Sinisgalli, trait d'union con il mondo Olivetti.

L'uomo viene dal nulla. Manovale in una fabbrica di letti, poi operaio in una conceria, il giovane Mattei cerca fortuna a Milano: piazzista di una fabbrica di colori, poi proprietario di una piccola azienda di oli, grassi e saponi. La sua grande occasione è la guerra partigiana. Si lega alle prime bande che combattono sull'Appennino. Diventa amico di Augusto De Gasperi, il fratello di Alcide. Ha diverse missioni, e per ognuna si inventa un nome di battaglia: come comandante è Este o Leone, come ufficiale di collegamento è Marconi, come dirigente del nascente partito cattolico è Monti.

Mattei procura finanziamenti. Tiene i rapporti con gli Alleati. Si muove per legare alla Dc i gruppi partigiani senza partito: la brigata Alfredo Di Dio, dedicata al tenente caduto da capo partigiano in Val d'Ossola;

le brigate Osoppo, chiamate come il paese friulano che nel 1848 aveva resistito più a lungo agli austriaci. Sono della Osoppo i diciassette martiri trucidati dai comunisti a Porzûs: tra loro Guido Pasolini, fratello di Pier Paolo, e Francesco De Gregori, zio del cantautore che ne porta il nome.

Il 26 ottobre 1944 Enrico Mattei cade in trappola: i fascisti irrompono durante una riunione clandestina e lo arrestano, insieme con Mario Ferrari Aggradi e altri. Il commissario della polizia di Salò sottopone i prigionieri a una finta fucilazione. Ma il 3 dicembre un commando di partigiani della Val Toce, guidato da Rino Pachetti, libera Mattei e lo aiuta a fuggire in Svizzera. Lui farà nominare Ferrari Aggradi ministro delle Partecipazioni statali, farà uccidere il commissario torturatore, e vorrà Pachetti al suo fianco come scorta per il resto della vita.

Il 5 maggio 1945 Mattei è in prima fila nel corteo dei liberatori di Milano, al fianco dell'azionista Ferruccio Parri e del comunista Luigi Longo. Ma l'unità della Resistenza non sopravvive alla guerra fredda. La corrente cattolica esce dall'Anpi e crea la Federazione italiana volontari della libertà. Mattei e l'altro capo partigiano dc, Paolo Emilio Taviani, futuro ministro dell'Interno, decidono di non restituire le armi; torneranno utilissime in caso di un colpo di mano del Pci.

Soltanto dopo il 18 aprile i partigiani di Mattei consegnano mitra e fucili ai carabinieri. Tratterranno solo le pistole, perché non si sa mai. Ma ormai la battaglia che preme è quella per il petrolio.

Dopo la guerra Mattei chiede di essere nominato commissario del Comitato industriale oli e grassi; ma per errore l'incarico viene dato a suo fratello Umberto. Ci sarebbe il posto di commissario dell'Agip. Ma l'Azienda generale italiana petroli è un carrozzone parastatale. Come scrive Nico Perrone, autore di un'ottima biografia (*Enrico Mattei*, il Mulino), «all'Agip venivano mandati uomini del regime caduti in disgrazia, tanto che la sua sigla era spiegata come Associazione gerarchi in pensione». Le due uniche raffinerie sono distrutte. L'Albania, da cui veniva il petrolio di cattiva qualità che le alimentava, non è più italiana. Non a caso l'idea è mettere l'Agip in liquidazione.

Ma Mattei intuisce che il petrolio sarà il motore della Ricostruzione. Chiede prestiti che tutti, anche i banchieri più lungimiranti come Raffaele Mattioli, rifiutano; dovrà garantirli di persona, con il proprio patrimonio. Intensifica le ricerche in Val Padana, e trova l'oro nero a Cortemaggiore. È un piccolo giacimento, ma il clamore contribuisce al recupero dell'orgoglio nazionale.

L'altra grande intuizione di Mattei è che il colonialismo sta finendo. Dalle vecchie colonie nasceranno Stati indipendenti, e l'Occidente dovrà trattarli con rispetto: se lo farà, li legherà a sé e ne farà mercati per i propri prodotti; ma se continuerà ad applicare le vecchie logiche imperialiste, li getterà nelle braccia del gigante sovietico.

Nei primi anni del dopoguerra, oltre il 90 per cento del petrolio mondiale è in mano a sette grandi aziende. È Mattei a battezzarle le Sette Sorelle. Cinque sono americane, i loro marchi sono Esso (dietro cui c'è la sorella maggiore, la Standard Oil), Mobil, Chevron, Gulf, Texaco; la Shell è olandese, la Bp inglese. Nel

Terzo Mondo si comportano da padrone e incamerano metà dei profitti. L'Agip invece firma un contratto con l'Egitto, lasciandogli i due terzi delle royalties; poi con l'Iran, cui andrà il 75 per cento. Soprattutto, i Paesi stranieri diventano soci dell'azienda di Stato italiana. Si aprono raffinerie in Marocco, Ghana, Tunisia, Congo, Tanganika, Sudan, Tunisia, Nigeria, Libia e in altri dieci Paesi africani. Si costruiscono metanodotti e oleodotti in tutto il mondo.

Il mercato del petrolio incrocia quello delle armi. Coinvolge l'intelligence, lo spionaggio, le telecomunicazioni. Gli americani sono allarmatissimi. L'ambasciatrice Clare Boothe Luce odia Mattei e lo fa attaccare dai giornali del marito: Life, Fortune, Time. Si uniscono alla campagna i conservatori italiani, da don Sturzo a Montanelli; ma lui si prenderà il lusso di raccogliere tutte le critiche in un libro, *Stampa e oro nero*. Quando poi chiude un accordo per acquistare petrolio dall'Unione Sovietica, l'America passa all'offensiva. E ancora non sa che Mattei prepara una missione in Cina, che non fa neppure parte delle Nazioni Unite, non è riconosciuta da Washington e neanche dal governo italiano.

Il fondatore inventa anche uno stile, a metà tra il manager e il leader politico. Viaggia veloce: elicotteri, aerei privati, con cui va pure a pescare i salmoni in Canada a spese dell'azienda. Il nuovo ente, l'Eni, controlla aziende-simbolo come il Pignone di Firenze e la Lanerossi Vicenza. La prima sede è in una palazzina di via Tevere, dove spesso una telefonata anonima annuncia una bomba; Mattei non smette di lavorare; i poliziotti arrivano, cercano invano, se ne vanno. Poi vengono costruiti i grattacieli all'Eur e nel quartier generale di San Donato Milanese, ribattezzato Metanopoli, dove il capo ha una foresteria all'ultimo piano, gestita dalla sorella Maria.

Impone la settimana corta, in un'Italia in cui tutti lavorano anche il sabato. Crea una rete di motel, ristoranti, bar. Fa disegnare divise per i benzinai Eni di tutto il mondo. Investe nel Sud, da Gela a Ferrandina. Fonda una scuola che forma tecnici italiani capaci di progettare isole artificiali per trivellare il fondo degli oceani, e di spegnere incendi sfuggiti di mano agli esperti stranieri. Al Giorno – per cui scrivono Giorgio Bocca, Oriana Fallaci, Natalia Aspesi – affianca un'agenzia di stampa, l'Agi; se fosse vissuto negli anni Settanta, avrebbe fondato una tv privata; nei Novanta, un portale Internet.

Al suo fianco c'è un uomo oscuro: Eugenio Cefis, anche lui ex comandante partigiano, legato ai servizi segreti. Non si fida di nessuno, tiene i colloqui riservati in macchina, su una Citroën scura, per timore di essere spiato. Mattei se ne stanca presto e decide di rompere: alza la voce con lui davanti a tutti, lo accusa di essersi arricchito con i soldi pubblici. (Cefis raccoglierà in parte la sua eredità, prima all'Eni poi alla Montedison, e finirà in parte per dissiparla.)

Ormai Mattei ha troppi nemici. Mezza Italia lo adora, l'altra metà lo avversa. I mafiosi non gradiscono il suo attivismo in Sicilia. I francesi non gli perdonano l'appoggio ai ribelli algerini. Gli inglesi si sentono disturbati in quell'Iran che consideravano un tassello dell'impero. Quando chiude un accordo con il primo ministro libico, Mustafà Ben Halim, gli americani costringono re Idris a cacciarlo.

Mattei capisce che deve ricucire. Incontra emissari del presidente, e poi lo stesso Kennedy, in visita a Roma. I due si danno appuntamento a Washington. Ma negli Stati Uniti Mattei non riuscirà ad andare.

Il 27 ottobre 1962 – nel pieno della crisi tra Usa e Urss sui missili a Cuba – il suo aereo, decollato da Catania, esplode in volo e si schianta a Bascapè, in vista di Milano. Mattei muore nel rogo. Tracce di esplosivo vengono trovate a bordo, persino sul suo orologio e sulla sua fede nuziale. Tutto fa pensare a un attentato, ma nessun mandante sarà mai scoperto. Scavare nella vicenda non ha portato fortuna. Mauro De Mauro, giornalista, scomparirà nel nulla. Il libro *Petrolio* di Pier Paolo Pasolini, che getta un'ombra su Cefis, uscirà incompiuto e postumo.

Per Bocca, che lo ammirò, Enrico Mattei era «un uomo secco e virile, nazionalista e populista, della specie dei condottieri, amati e odiati, profondamente italiani, profondamente antitaliani».

Per Montanelli, che lo avversò, «un moralista spregiudicato, un corruttore incorruttibile, un tangentaro integerrimo».

Il giorno dopo la sua morte, il New York Times scrisse che «era forse l'individuo più importante d'Italia». Il vicepresidente della Standard Oil, William R. Stott, aggiunse: «Enrico Mattei aveva a cuore soprattutto gli interessi del suo Paese». Conclude giustamente Perrone: i riconoscimenti postumi collocano «il presidente dell'Eni molto al di sopra di quei *chairmen* delle "sette sorelle" che tanto a lungo lo hanno ignorato e disprezzato; i loro nomi – a differenza di quello di Mattei – oggi non li ricorda più nessuno».

Einaudi: il presidente contadino

L'11 maggio 1948 viene eletto il primo presidente della Repubblica: un monarchico; Luigi Einaudi. A De Gasperi che è andato a offrirgli l'elezione, ha chiesto con un sorriso ironico: «Crede che uno zoppo come me possa fare il presidente?». «Credo di sì» è stata la risposta.

Einaudi – prima da governatore della Banca d'Italia, poi da ministro delle Finanze, infine come presidente – è il vero artefice della Ricostruzione sul fronte dello Stato.

È lui a fare la politica economica. Una politica dura, ispirata al liberismo e al monetarismo: la lira non vale più nulla, e la premessa alla ripresa dell'Italia è darle una moneta stabile e affidabile, all'estero e in patria. Il prezzo da pagare è la rinuncia alla protezione sociale; ma per Einaudi prima bisogna creare la ricchezza, poi distribuirla.

È lui a portare nelle istituzioni lo spirito degli italiani, sintetizzato in una sua frase che non a caso tanti piccoli imprenditori, artigiani, commercianti dell'era pre-Amazon hanno esposto nella loro officina, nella loro bottega, nel loro negozio: «Migliaia, milioni di individui lavorano, producono e risparmiano nonostante tutto quello che noi possiamo inventare per molestarli, incepparli, scoraggiarli. È la vocazione naturale che li spinge; non soltanto la sete di guadagno. Il gusto, l'orgoglio di vedere la propria azienda prosperare, acquistare credito, ispirare fiducia a clientele sempre più vaste, ampliare gli impianti, costituiscono una molla di progresso altrettanto potente che il guadagno. Se così non fosse, non si spiegherebbe come ci siano imprenditori che nella propria azienda prodigano tutte le loro energie e investono tutti i loro capitali per ritirare spesso utili di gran lunga più modesti di quelli che potrebbero sicuramente e comodamente ottenere con altri impieghi».

Il che è ancora più vero adesso, al tempo dell'egemonia della finanza sul lavoro, che sembra diventato superfluo, vano, inutile; mentre invece resta il principale modo di mettere alla prova se stessi, diventare parte di una comunità, costruirsi un futuro, una famiglia, una vita.

Orfano di padre a 14 anni, Einaudi ha studiato dai padri Scolopi, a Savona. A venti è già laureato in legge. «È chiaro» scrive Giorgio Bocca «che è un predestinato al successo, uno dei rari che vengono subito riconosciuti come persone di eccezionale talento.»

Alfredo Frassati lo chiama alla Stampa e lo affida a un redattore, Guglielmo Ferrari, di cui Einaudi, che non è un prodigo, scriverà scandalizzato: «Guadagnava cinquanta lire al mese solo per spedire un telegramma a un giornale ungherese, il "Pester Lloyd", in cui doveva semplicemente dar notizia della salute di Luigi Kossuth, l'indipendentista esule a Torino». La sera stessa Frassati passa a controllare il lavoro del nuovo assunto, vede come ha passato e titolato le notizie, e dice al tutor: «Grazie ma non c'è più bisogno di lei, il ragazzo può fare da solo».

Einaudi va poi al Corriere e ci resta fino al 1925, quando il regime soffoca la sua e altre voci libere. È un liberale antifascista, e tale rimarrà. Non è tra i dodici eroi

– i giuristi Fabio Luzzatto, Francesco Ruffini e suo figlio Edoardo, l'orientalista Giorgio Levi Della Vida, lo storico dell'antichità Gaetano De Sanctis, il teologo Ernesto Buonaiuti, il matematico Vito Volterra, il chirurgo Bartolo Nigrisoli, l'antropologo Marco Carrara, lo storico dell'arte Lionello Venturi, il chimico Giorgio Errera e il docente di filosofia Piero Martinetti – che rifiutano il giuramento di fedeltà, andando incontro all'esilio; ma l'allievo Edgardo Sogno lo ricorda alla sua laurea in camicia bianca, accanto ad altri professori in camicia nera.

Quando un altro allievo, figlio di un droghiere, ha l'impertinenza di entrargli in stanza a chiedere un articolo per la sua rivistina, non lo mette alla porta come farebbe un barone di oggi; scrive l'articolo e non vuol essere pagato. L'allievo è Piero Gobetti, la rivistina si chiama La rivoluzione liberale.

Alla sua scuola passano i giovani Gramsci e Togliatti. E segue le sue lezioni anche Elémire Zolla, grande studioso della filosofia e della letteratura orientali, uno sciamano dagli occhi azzurri, quanto di più lontano dall'impegno civile e politico; che però definirà i *Principî di scienza della finanza* di Einaudi il libro più importante scritto nel Novecento da un italiano.

Sposa una sua allieva, Ida, più alta di lui. Investe i risparmi a Dogliani, il paese della mamma, comprando la cascina di San Giacomo, che trasformerà in una delle più grandi biblioteche private del mondo. Ogni domenica, all'uscita dalla messa, Einaudi tiene un'omelia laica sul sagrato della chiesa. I contadini lo ascoltano con i bambini per mano, e lui in dialetto piemontese spiega loro la rotazione delle colture, la partita doppia, i rudimenti della buona amministrazione, concludendo: «Non lasciatevi imbrogliare dai rappresentanti delle industrie chimiche, il miglior fertilizzante l'avete in cascina, ed è sempre il letame». E questo suo parlare di cose concrete, financo di concime, è il suo modo di essere antifascista, estraneo prima ancora che contrario all'imperialismo di cartapesta del regime.

Sua nipote Roberta Einaudi ha pubblicato un libriccino sull'incontro al Quirinale con Alcide Cervi, padre dei sette fratelli fucilati dai fascisti. I due si dicono in poche parole quello che hanno da dirsi su antifascismo e democrazia, poi cominciano a parlare di vendemmia, di grano, di diserbanti: due piccoli proprietari terrieri che si confrontano, due uomini di provincia, due italiani seri.

Il primo gesto da capo dello Stato è stabilire la residenza al Quirinale: Einaudi capisce che il presidente della Repubblica, per non essere considerato dal popolo meno del re e del Papa, deve risiedere nel loro antico palazzo. Ma anche da anziano non rinuncia alla sua leggendaria parsimonia. Celebre è l'aneddoto di Ennio Flaiano, invitato a cena con Mario Pannunzio e altri collaboratori del Mondo. Viene portato un grande vassoio di frutta, ed Einaudi chiede: «Io prenderei una pera, ma sono troppo grandi, c'è nessuno che ne vuole dividere una con me?»; «Io presidente!» risponde Flaiano, «alzando una mano per farmi vedere, come a scuola». Per poi concludere il racconto con amarezza: «Qualche anno dopo saliva alla presidenza un altro e il resto è noto. Cominciava per l'Italia la Repubblica delle pere indivise».

Anche da capo dello Stato, Einaudi continua a dirigere o comunque sorvegliare la politica economica:

chiede che siano ridotte le imposte alla piccola proprietà contadina; è favorevole alla nascita del primo embrione della Comunità europea. Ma il suo cruccio è la spesa pubblica. Rifiuta di firmare le leggi di spesa che non indicano come saranno trovati i soldi, e anche il decreto che consente ai dirigenti dei ministeri di fissare da sé le proprie gratifiche. Così ammonisce il Parlamento: «Prendendo l'esempio del padre di famiglia, unanime sarebbe il biasimo verso colui che contraesse nuovi debiti prima di aver pagato i vecchi».

Vuole l'Italia nella Nato, ma fa sapere che gli italiani non intendono affrontare nuove avventure belliche: «Il grido "vogliamo la Pace!" è troppo umano, troppo bello, troppo naturale per un'umanità uscita da due spaventose guerre mondiali e minacciata da una terza guerra sterminatrice, perché a esso non debbano far eco e dar plauso tutti gli uomini i quali non abbiano cuore di belva feroce».

Merlin: mai più donne schiave

Nell'agosto 1948, una senatrice socialista veneta, Angelina Merlin, che tutti chiamano Lina, presenta una proposta di legge rivoluzionaria: abolire le case chiuse.

La reazione generale è tra l'ilarità e l'indifferenza. I casini sono un'istituzione del Paese, che il fascismo non ha certo messo in discussione. La Francia li ha aboliti nel 1946, ma in Italia non ci pensa quasi nessuno. Le case di tolleranza rappresentano l'iniziazione al sesso dei giovani italiani e lo sfogo dei mariti, con le donne che li attendono a casa.

La moglie serve a mettere al mondo i figli; per il piacere ci sono le professioniste. Tremila ragazze ridotte di fatto in condizione di schiavitù, per il profitto degli sfruttatori e dello Stato. Ogni quindici giorni cambiano città. Non escono quasi mai. Non possono mettere su famiglia. Se restano incinte sono indotte ad abortire, ovviamente in modo clandestino; se invece insistono a voler tenere il bambino, lo devono affidare alle loro madri o agli orfanotrofi. Sono schedate e segnalate come prostitute sui certificati.

Sulla nostalgia dei casini fiorirà una letteratura, che parla di pulizia e controlli medici, evoca con toni complici maîtresse burbere ma tenere, luci soffuse, tappezzerie ricercate e ragazze sorridenti. Frottole. Il casino è uno strumento di controllo sociale e di soggezione della donna all'uomo.

La Merlin non intende abolire la prostituzione; vuole liberare le prostitute. Il prezzo che paga è altissimo, in termini di odio e dileggio. Ma ha la pelle dura.

Figlia di una maestra di Chioggia, ha perso tre fratelli in guerra, è stata educata dalle suore canossiane. Dal 1919 è iscritta al partito socialista. Nel 1924, quando ancora le donne non possono votare, Matteotti le affida la campagna elettorale in Veneto: è lei a scrivere il rapporto dettagliato delle violenze fasciste, su cui Matteotti imposta il discorso alla Camera che gli costerà la vita.

Lina viene arrestata cinque volte in due anni. Rinuncia al posto di insegnante per non giurare fedeltà al regime: viene confinata in Sardegna. Al padre che chiede quali colpe abbia commesso, il prefetto risponde che si tratta di «donna irriducibile». L'unico conforto sono i libri che si fa mandare; ma la censura ferma *Anna Karenina* di Tolstoj, perché l'autore è russo. A Orune, nel cuore dell'isola, legge ad alta voce la Divina

Commedia, i pastori analfabeti vanno ad ascoltarla. Si sposa con un medico socialista, Dante Gallani, ma dopo tre anni resta vedova.

Nella Milano occupata dai nazisti si batte in difesa degli ebrei, dei perseguitati, dei partigiani. Viene arrestata, riesce a fuggire. E sarà tra le ventuno donne elette alla Costituente.

Le sorelle, le cugine, le cognate fanno a gara nel regalare loro i vestiti per la grande occasione. (Lo racconta Claudia Galimberti, che ha scritto un bel ritratto di Lina in *Donne della Repubblica*, opera di studiose coordinate da Dacia Maraini, pubblicata dal Mulino.) Chi manda un cappotto, chi un taglio di stoffa, chi un cappello. La Merlin indossa un vestito nero e guanti traforati in tinta. È lei a far introdurre nell'articolo 3, quello che prevede l'uguaglianza dei cittadini, la frase «senza distinzioni di sesso»: in anticipo sui tempi, visto che il codice penale e quello civile danno per scontata la supremazia maschile.

Nel 1951 presenta il disegno di legge che vieta di licenziare le donne prima del matrimonio o del parto: un'abitudine che colpisce soprattutto le impiegate. Lina dà battaglia e accusa di discriminazioni la Edison, la Banca commerciale, la Toro assicurazioni. Ci vorranno dieci anni, ma alla fine la legge sarà approvata. Molte imprese la aggireranno con la pratica delle dimissioni in bianco, da far scattare quando l'impiegata resta incinta: una prassi che il Parlamento vieterà solo nel 2016.

Quando l'alluvione fa strage in Polesine, la Merlin accorre in stivaloni e mantellina, e coordina gli aiuti. Arriva a ingannare i piloti dell'Aeronautica, assicurando che il cielo è sereno e possono decollare con i viveri, anche se c'è nebbia e continua a piovere. Giulio

Andreotti testimonia il suo prodigarsi per salvare i bambini e, aggiunge, pure i tacchini ingrassati in vista del Natale: «Le povere bestie si erano ritirate su strisce di terra che ne evitavano l'affogamento ma non la morte per freddo o fame. La Merlin voleva a ogni costo che anche i tacchini fossero messi al sicuro dagli elicotteri militari. Ottenne comunque che lanciassero su di loro abbondanti razioni di mangime».

La sua ossessione resta abolire le case chiuse. Riceve di continuo visite di prostitute in Senato, e le va a trovare sul lavoro. Come racconta Claudia Galimberti, «Lina Merlin aveva respirato l'aria densa di profumi a buon mercato; aveva visto le bottiglie di disinfettanti praticamente intatte, che facevano bella mostra per illudere chi le frequentava di essere capitato in una stanza protetta da ogni incidente sanitario; aveva colto quella mistura di fango e di tristezza che avvolgeva quei luoghi». E aveva scoperto che le case ospitano anche «giovanetti che entrano sani e forti e diventano rottami umani, depravati, ammalati». Una ragazza le scrive una lettera: «Dite ai signori uomini che mandino, i fratelli le loro sorelle, i padri le loro figlie, i mariti le loro spose: non siamo noi sorelle, figlie, spose di qualcuno che piange?».

La sua missione le vale l'astio e il sarcasmo dei colleghi deputati. A chi la accusa di non pensare ai militari, replica: «Io ci penso ai militari, ma per evitare loro la morte in guerra, non per procurare postriboli». Alle madri preoccupate chiede: «Che genere di figli avete allevato che non sanno avere una donna, se non servita sul piatto come un fagiano?». Qualcuno le domanda come faranno i giovani a iniziarsi al sesso, lei risponde: «Sapranno imparare con le loro coetanee». Un concetto ovvio, eppure per l'epoca impensabile.

La legge Merlin è approvata al Senato il 21 gennaio 1955, ma resta ferma per tre anni alla Camera. È una deputata democristiana, Gigliola Valandro, a portarla in aula per il sì definitivo, il 20 febbraio 1958; entrerà in vigore il 20 settembre.

Lina Merlin ha vinto, eppure non sarà ricandidata; si ritirerà a Milano, dove fonderà un centro che accoglie ex prostitute. Dopo Anna Magnani e Sophia Loren è la donna più famosa d'Italia, ma è anche la più detestata dai maschi, compreso qualche compagno di partito. Il funzionario della federazione socialista di Rovigo Franco Bellinazzo sarà ricordato solo perché, ogni volta che sentiva nominare Lina, sbottava: «Ma quando xe che la more?».

Sette

L'ASCESA DELLE DONNE

«Da serve a regine»

Qualche giorno prima del Natale del 1948, una ragazza di 20 anni scrive al settimanale Grazia. Si chiama Lillina, è già sposata con due figli, ed è disperata: dopo la «poesia dell'amore» ha scoperto la dura realtà del matrimonio. Lavora dal mattino alla sera, come sarta e come casalinga; la zia del marito, che vive in casa, pretende di essere servita; il bambino si lamenta, la neonata piange… Clementina, la firma che cura la pagina delle lettere, le risponde di non lamentarsi ma di obbedire e organizzarsi meglio: svegliati alle 7, scalda l'acqua per il marito, preparagli il caffè, dagli un bacio, pulisci la cucina, lava e vesti i bimbi, lava te stessa, corri a far la spesa, cucina per tutti; «ti concedo un sonnellino con la tua piccola, ma alle 3 e 30 ti voglio vedere di nuovo al lavoro, lava, stira, rammenda, prepara la cena … La stanchezza è una benedizione, Lillina, devi credermi». L'ha detto anche il Papa, del resto: «Che cos'è la donna, se non l'aiuto dell'uomo?».

Nel dopoguerra, la vita di Lillina è la stessa di milioni di italiane. In campagna va anche peggio. A tavola siedono solo i maschi; le donne stanno in piedi, cucinano, servono, sparecchiano. Si cuciono i vestiti da sole. Escono di casa solo per andare nei campi e la domenica a messa: nei primi banchi stanno gli uomini con il cappello in mano, negli ultimi le donne con il velo nero in testa. Lo shopping è il baratto, o il carretto carico di pentole e rocchetti che passa ogni tanto. Il denaro quasi non esiste, un libro è una stravaganza (proprio come nell'Italia di Facebook e Instagram, del resto). Molte girano scalze; qualcuna va al lavoro con l'unico paio di scarpe in mano, per non sciuparlo.

Il regalo di fidanzamento è un anello con una punta, che serve a «spogliare la meliga»: dopo la mietitura, la sera le ragazze si ritrovano sull'aia, per sbucciare e sgranare le pannocchie di granturco recitando il rosario. Quando la pioggia tarda da troppo tempo, si tengono novene biascicando a memoria un latino immaginario. È ancora la società dell'affabulazione: nelle sere d'inverno ci si trova nella stalla, a scaldarsi, giocare a carte, raccontare, talora ascoltare un cantastorie girovago.

Avere il bagno sul pianerottolo o sul balcone, anziché nell'orto o in cortile, fa di un uomo un buon partito. Il matrimonio è spesso combinato dai genitori. La donna ha rapporti sociali quasi solo con i familiari: passa dal controllo del padre a quello del marito. Durante il fidanzamento è lui ad andare a trovare lei; ma poi è lei che va ad abitare da lui.

Ci si sposa e si partorisce in casa: il pranzo di nozze al Nord è un brodo di gallina con agnolotti o cappelletti, carni arrosto, torta; sconosciuti gli spaghetti e in genere la pasta di grano duro; il pesce è quello d'acqua dolce, tinche e carpe. Il viaggio di nozze è un concetto di là da venire, come le vacanze: i ricchi partono per la villeggiatura; i poveri stanno a casa. In camera da letto si tengono i salami e i bachi da seta. Il pane è quasi sempre nero; la puerpera ha diritto al pane bianco; ma dopo pochi giorni è già nei campi, e riprende a servire il caffè a letto al marito, talora alla suocera.

Mettere al mondo una femmina è un guaio, a volte una sciagura. Agli sposi si augurano figli maschi, che ereditano il cognome e il patrimonio; la donna invece serve a poco in campagna, è un costo perché bisogna procurarle la dote. In compenso non è necessario farla studiare; «tanto poi si sposa». A 25 anni è già zitella; se poi non trova marito resterà tutta la vita a carico dei familiari, guardata con un misto di pena e sospetto. L'allattamento non è una fase preziosa del rapporto con il bambino; per le donne povere è un mestiere, per le ricche una seccatura da delegare.

La cameriera, chiamata senza pudori serva o donna di servizio, non ha più vita propria: segue i signori nei loro spostamenti, dorme su una brandina in una stanzetta cieca o in cucina, ma può sperare di conoscere in città un bravo ragazzo, quando ottiene la libera uscita la domenica pomeriggio; spesso però la famiglia d'origine ha raccomandato ai padroni di non lasciarla andare da sola.

Sono storie dolorose, raccontate da Marta Boneschi in un libro straordinario, *Santa pazienza*. Ci sono uomini che, se il neonato è una bimba, non vanno neppure a salutare la moglie. Una casalinga di Palermo testimonia che il marito non l'ha guardata per quindici giorni: «Siccome avevo fatto la femmina, mi accusava di non averla fatta con lui».

Alle piccole si racconta la fiaba di Cenerentola, che lava, riassetta e serve l'intera famiglia, comprese le sorelle viziate; e di Biancaneve, che fa trovare ai sette nani la casa pulita e ordinata. Giocano con bambole di pezza cucite in casa, fanno correre cerchioni di bicicletta. A scuola portano un pezzo di legno, per contribuire a scaldare l'aula, quando sono fortunate; altrimenti devono stare a casa, a badare ai fratellini; oppure vanno a servizio da famiglie benestanti, puliscono la cucina o la stalla, in cambio di viveri o vestiti smessi.

La separazione dei sessi è assoluta. A scuola e al catechismo, maschi da una parte e femmine dall'altra. I ragazzi portano il grembiule solo alle elementari; le ragazze lo tengono fino alla maturità, ovviamente nero, per nascondere le forme; l'obbligo cadrà solo con il Sessantotto. I maschi possono fare sport, le femmine è meglio di no: devono portare gonne sotto il ginocchio, colletto abbottonato, maniche lunghe. Del proprio sesso non devono sapere nulla: tanto i bambini li porta la cicogna, o si trovano sotto i cavoli.

Per strada non ci si bacia, non si fuma, non sono tollerati il trucco vistoso o le scollature. Le donne salgono sugli scooter con le gambe di traverso, non a cavalcioni come sarebbe più logico; ma il pudore viene prima della comodità e della sicurezza. Ai sedicenni si lasciano le chiavi di casa; alle loro coetanee, no. Nel 1955 il questore di Torino incarica i poliziotti di vigilare sulla moralità pubblica nei cinema, interrompendo i baci e sciogliendo gli abbracci; per fortuna i più ne approfittano per guardarsi il film.

La verginità è ancora un obbligo sociale, più che una scelta. Ed è un bene di famiglia, che padri e fratelli devono salvaguardare anche per interesse economico: una ragazza illibata, o considerata tale, potrà «sposarsi meglio». Una fidanzata scrive a Donna Letizia, che è poi Colette Rosselli, la moglie di Montanelli: «Lui vuol correre, ormai il matrimonio è vicino, cosa devo fare?». Risposta: «Correte pure, ma che la prima tappa sia l'altare».

Il matrimonio deve essere religioso. Ancora nel 1958 il vescovo di Prato, Pietro Fiordelli, addita come «pubblici concubini» Loriana Nunziati e Mauro Bellandi, che si sono sposati con rito civile. La coppia querela per diffamazione: il vescovo è condannato in primo grado e assolto in appello; la comunità è al suo fianco, i coniugi si vedono negare i crediti dalle banche, qualche commerciante rifiuta di servirli. Però i matrimoni civili aumentano in tutta Italia.

Uscire da sole è una cosa che non si fa. Una donna al ristorante o anche solo al bar senza un uomo è una poco di buono, o comunque una disinvolta. Ci sono mariti che tengono le chiavi dell'armadio in cui sono chiusi abiti e scarpe: vogliono essere certi che lei resti in casa ad aspettarli. La moglie di un emigrato di Gela racconta a Maria Rosa Cutrufelli: «Prima di partire per la Germania, mio marito mi ha preso per i capelli, mi ha fatto appoggiare la testa sul tavolo e mi ha detto: "Se vengo a sapere che esci, la testa te la taglio". Sono cinque anni che non esco di casa, a fare la spesa ci mando i bambini».

Sono casi limite. Però la legge vale per tutte: l'adulterio femminile è un reato, quello maschile no, a meno che lui non trasformi «l'amante in concubina» portandola in famiglia. Numerose le sentenze che condannano «l'adultera» ma non il correo, talora definito «il ganzo».

Le mestruazioni sono considerate una vergogna da nascondere. Secondo il galateo, «segnano un periodo di riposo del mese, giorni in cui la signora può considerarsi come un fiore di serra». Quindi niente scarpe, al più «pantofoline», e niente vita sociale: «Non riceva alcuno». Certo, è una seccatura, ma sempre meno peggio della menopausa, anzi «del grigio declinare verso l'inverno».

Masturbarsi è peccato. Il corteggiamento è a senso unico: l'iniziativa tocca all'uomo; la donna dovrebbe limitarsi a cedere o, meglio, respingere. Il sesso è volto alla procreazione: quando nel 1950 esce un libro intitolato *Controllo delle nascite*, gli autori – l'anarchica Giovanna Berneri e il suo compagno Cesare Zaccaria – sono denunciati e processati per violazione dell'articolo 553 del codice penale, che proibisce la propaganda di metodi anticoncezionali; e poiché vengono assolti per due volte, i gesuiti chiedono l'applicazione dell'articolo 528, che impone il sequestro delle «pubblicazioni oscene». Ancora nel 1970, mentre i cortei femministi riempiono le piazze d'Italia, la Rai intervista una mamma che ha fatto trentadue figlie, nella vana attesa del maschio: l'ultima si chiama Romina, come Romina Power.

Ma a Palermo un'aristocratica, Rosita Lanza di Scalea, si trasferisce nei vicoli delle famiglie povere per diffondere gli anticoncezionali, distribuendo il diaframma alle donne; mentre a Milano Elda Mazzocchi Scarzella, che ha fondato il Villaggio della Madre e del Fanciullo, comincia la battaglia per depenalizzare l'aborto. La pillola appare in farmacia a metà degli anni Sessanta, però non viene presentata come anticoncezionale; le donne stanno acquistando un «regolatore ovarico».

Fino alla rivoluzione seguita al Sessantotto, il sesso ha ancora una forte componente classista. Le ragazze di buona famiglia devono arrivare al matrimonio illibate – o fingere di esserlo – ma delle «sartine» o delle «servette» il padrone può disporre. Ogni anno nascono circa 60 mila «illegittimi»: di questi, oltre 35 mila sono figli di madri nubili che lavorano come cameriere.

Il destino di una ragazza madre e del suo bambino è durissimo. I nati fuori dal matrimonio appartengono a una categoria inferiore, sui documenti sono bollati come N.N., *nescio nomen*: figli di padre ignoto. L'Italia è l'unico Paese dell'Europa occidentale, compresi la Spagna di Franco e il Portogallo di Salazar, a vietare la ricerca di paternità. Si batte contro queste norme discriminatorie qualche parlamentare, oggi del tutto dimenticata: la democristiana Maria Pia Dal Canton, la socialdemocratica Bianca Bianchi. Un giovane calabrese le scrive: «Siamo dieci fratelli, tutti figli dello stesso padre e della nostra madre, ma nostro padre non ha mai voluto sposare nostra madre né riconoscerci. Le par giusta una cosa simile?». Nel Bresciano una ragazza ha un figlio da un uomo sposato, il proprietario terriero del paese: la madre di lei non esce più di casa per la vergogna, per un anno porterà il lutto, come se avesse perso qualcuno; la madre di lui si limita a un rimprovero, stesse più attento la prossima volta.

La nuova stella del cinema italiano, Claudia Cardinale, da ragazza ha avuto un figlio, Patrick, nato da una violenza: il marito le impone di farlo passare per suo fratello. Stefania Sandrelli ha una bambina, Amanda, che porta il suo cognome: solo più tardi si saprà che il padre è Gino Paoli, il cantautore. Nel giugno 1963 nasce Massimiliano, figlio di Anna Maria, detta Mina, Mazzini e dell'attore Corrado Pani, che è sposato con un'altra donna. Mina affronta il pubblico con orgoglio: «Non mi vergogno affatto, ma sono umiliata che mio figlio si chiami Mazzini, che non possa vivere con suo padre». Per un anno la più grande cantante italiana viene bandita dalla Rai.

Certo, in molte famiglie le donne si ritagliano una propria autonomia, a volte ruoli di comando. Si dice allora che in quella casa è la donna a «portare i pantaloni». Gli esempi sono numerosi, ma non vanno sopravvalutati. L'egemonia maschile non è ancora in discussione; e spesso si impone con la forza, quando non con la violenza. L'antidoto non è la denuncia, la difesa, la sanzione del reato; è la sopportazione, l'accettazione, la lieta rassegnazione che rende meno amara la vita. Un testo di economia domestica su cui si sono formate due generazioni, *Casa ridente vita serena*, sostiene: «Nonostante il movimento che si verifica nella società moderna, che conduce la donna a svolgere la propria attività fuori dall'ambiente domestico, il posto della donna è e sarà sempre la casa».

Eppure su un Paese contadino, maschilista, arretrato è pur sempre passato il colpo di vento della guerra; e nulla può davvero tornare come prima. Dopo la gelata del fascismo, che solo nel 1940 ha abolito il divieto di assumere donne nella pubblica amministrazione, è arrivata la bufera che ha mandato tutto sottosopra.

Le donne sono state crocerossine e postine, operaie e impiegate; hanno guidato i tram, portato armi, combattuto, rischiato e talora perso la vita. L'ha riconosciuto Leo Valiani, uno dei padri della Repubblica: «Quando si tratta di viaggiare in zone soggette a rastrellamenti, mandiamo sempre in nostra vece le compagne ... col pretesto che come donne rischiano di meno, in realtà perché siamo convinti che sanno fare meglio e valgono più di noi». Ora che la guerra è finita, non le si può più trattare a lungo come cittadine di serie B.

Quasi cinquemila donne sono state arrestate e torturate, 2750 deportate, 1750 decorate al valore; 2750 sono morte, con le armi in pugno o fucilate. Le partigiane attive sono state 35 mila; molte di più coloro che hanno protetto, nascosto, aiutato, sfamato i resistenti. E sarebbe ingiusto tacere delle seimila ausiliarie schierate sull'altro fronte. Tutte donne che non sono disposte a tornare a obbedire agli uomini come se nulla fosse accaduto.

Molte continuano a combattere. Giuditta Levato, madre di due figli, muore a Calabricata, Cosenza, durante l'occupazione delle terre. Tre anni dopo la polizia uccide Angelina Mauro, 24 anni, a Melissa, Crotone. A Filo di Argenta, Ferrara, i carabinieri sparano sulle mondine, che protestano per migliorare le loro condizioni: lavorano con i piedi nell'acqua dall'alba al tramonto per quaranta giorni di fila, lontano da casa, tormentate dalle zanzare, talora perseguitate dai padroni, che le considerano a loro disposizione. Oggi «mondine» è il nome di un biscotto al riso; allora era sinonimo di schiave, sia pure transitorie.

Molte donne sono rimaste sole. Attendono uomini che non torneranno dai campi di battaglia o di prigionia. Almeno 400 mila hanno mariti emigrati che non danno più notizie; altre 400 mila ricevono ogni tanto una cartolina e un po' di denaro da uomini ormai diventati estranei. Tante sono costrette a lavorare, o scelgono di farlo. Altre pretendono di studiare, uscire di casa, fare lavori considerati da maschi.

Alle donne cominciano ad aprirsi le professioni. Dopo le operaie si vedono le prime tecniche specializzate, dopo le infermiere si vedono le prime dottoresse; e alla Camera ci si batte contro le norme che fanno della magistratura un monopolio maschile. Alba de Céspedes, la scrittrice, dirige la rivista letteraria Mercurio, ma qualche lettore le chiede: «Il direttore vero chi è?». Eppure la vita culturale rinasce anche grazie alle donne: Maria Bellonci fonda il premio Strega, che Elsa Morante vincerà nel 1957 con *L'isola di Arturo*; Elsa De Giorgi passa dal cinema alla letteratura, dal conte Bonacossi a Italo Calvino. Luisa Alessandri è l'aiuto regista di Vittorio De Sica, anche se per undici anni non le pagano i contributi. Anna Garofalo conduce una trasmissione alla radio, intitolata «Parole di una donna». Palma Bucarelli riapre la Galleria d'arte moderna, dopo averne salvato i capolavori nascondendoli nel castello di Caprarola e nei sotterranei di Castel Sant'Angelo.

È un processo lento, o comunque non abbastanza veloce. Conosce passi avanti e fasi di arretramento. Le ragazze studiano più a lungo, conquistano l'autonomia economica, rivendicano il diritto di lavorare e decidere della propria vita. Ma la legge non tiene il passo della società.

La «potestà maritale» sarà abolita solo nel 1975; la Cassazione stabilisce che può essere esercitata anche con «mezzi coercitivi»: picchiare la moglie non è reato; e non perché i giudici siano sadici, ma perché il marito è considerato responsabile della moglie come dei figli, e se lei «sbaglia» lui deve correggerla.

Esiste ancora il delitto d'onore: chi trova la moglie con un altro e la uccide, a volte non finisce neanche in prigione. Chi vuole una donna se la prende, e lei è moralmente obbligata dalla comunità a sposare l'uomo che l'ha violentata; fino a quando una diciottenne, Franca Viola, siciliana di Alcamo, con l'appoggio dei genitori rifiuta il «matrimonio riparatore».

Il divorzio non esiste, e la separazione per la donna è considerata un'onta. Se poi ha un nuovo amore, quello che per la legge è ancora il marito, per quanto separato, può renderle la vita impossibile. Marta Boneschi racconta la storia di Anna, che subito dopo la guerra sposa Filippo, un calabrese che non ama la vita di città. Lui torna al paese, lei non lo segue. Si innamora di un ingegnere, va a vivere con lui, ha due figli, che però portano il cognome del vecchio marito. Tempo dopo, Filippo si fa vivo e la ricatta: se Anna non paga, lui la denuncerà per adulterio, la farà finire in galera e le porterà via i figli, che per la legge sono suoi. Dopo anni di persecuzione e minacce, Anna gli spara; sarà condannata a cinque anni.

Anche sul sesso e sull'amore, però, la guerra non è passata come acqua sul marmo. Il conflitto ha separato molte coppie e ne ha create di nuove, il senso di precarietà ha allentato i freni inibitori del romanticismo e del cattolicesimo. Pregustando la pace, una dei personaggi di Beppe Fenoglio prevede che «la gioventù potrà ballare all'aperto, le donne giovani resteranno incinte volentieri ... e a maggio, le sere belle, potremo uscire fuori e per tutto divertimento guardarci e goderci l'illuminazione dei paesi». Aggiunge Giorgio Bocca: «Nel tripudio delle balere, delle feste, delle ferie ritrovate sembrò che l'amore fisico coincidesse con l'amore per la vita». Sei anni dopo la fine della guerra si devono istituire i doppi turni alle elementari, poi alle medie.

La maternità può essere una gioia, soprattutto quando si vive tutti insieme e ci sono nonne, zie, cugine ad aiutare. Ma nel dopoguerra la maternità resta ancora un dovere. Nel romanzo di Alba de Céspedes *Dalla parte di lei*, la nonna istruisce la nipote: «Solo quando si aspetta un figlio si diviene fisicamente sicure; allora il legame che ci ha unito agli uomini non è più basso, disprezzabile, ma splendido...».

Se la maternità è un obbligo, l'aborto è un crimine; la conseguenza è un numero di infanticidi che oggi appare abnorme. I magistrati sono costretti a usare clemenza, per non riempire le carceri. Rosa Vertola, che a 18 anni è già vedova con un figlio, partorisce un altro bambino e lo annega in un fosso. Al processo racconta di essere stata violentata «da un mascalzone» nella trattoria dove lavora come cameriera. Il giudice si limita ad affidarla ai genitori. Per Angela Di Manno, accusata di aver soffocato la figlia di due giorni, il pubblico ministero chiede vent'anni; il tribunale riconosce i «motivi d'onore»: sopprimendo «il frutto del peccato», Angela ha salvato la propria reputazione.

Passeranno anni prima che la maternità sia considerata una scelta, e altro tempo ancora prima che si capisca che la maternità può essere un punto di forza: una donna che diventa madre è più forte, perché consapevole del potere che ha, e che l'uomo non avrà mai: dare la vita. E siccome la maternità non è più un obbligo, si comincia a comprendere che si possono lasciare grandi tracce di sé anche senza diventare madri.

Una donna che ha aiutato altre donne sulla strada della consapevolezza, sia in politica sia con l'esempio personale, è Teresa Mattei. Si deve a lei l'idea di regalare per l'8 marzo un ramo di mimose. Partigiana, comunista, durante la Resistenza ha perso il fratello Gianfranco, morto nel carcere di via Tasso. È la più giovane eletta alla Costituente, e come tale è Teresa a porgere il testo da firmare al presidente, Umberto Terracini. Togliatti la stima e la incarica di fissare lo stipendio dei parlamentari: lei gira le fabbriche con Di Vittorio, calcola che il salario medio è di 42 mila lire, e propone quella cifra. I colleghi protestano vibratamente: qualcuno pretende 300 mila lire, altri mezzo milione; alla fine si chiude a 80 mila.

Quando però la Mattei resta incinta di un uomo sposato, Togliatti le chiede di rinunciare al bambino. Oltretutto il padre è un industriale comunista, Bruno Sanguinetti, che ha una moglie con gravi problemi nervosi. Ma Teresa e Bruno si amano, lui la considera la donna della sua vita, e lei ribadisce di voler tenere il figlio. Alle insistenze del segretario generale risponde: «Le ragazze madri in Parlamento non sono rappresentate; vorrà dire che le rappresenterò io». Però il 18 aprile Teresa Mattei non sarà candidata.

Tre mesi dopo nasce il suo bambino, che si chiama Gianfranco, come lo zio. La sezione del Pci di Bagno a Ripoli, Firenze, dove è iscritta, la espelle per «indegnità morale».

Le donne diventano protagoniste in un mondo che spesso le ha escluse, la moda. La miseria giova alla creatività. Come ha scritto Claudia Galimberti, nell'Italia della Ricostruzione «si cercano pezzi di stoffa nei fondi dei magazzini; i panni verdi del biliardo diventano cappotti, dalla seta dei paracadute americani si cuciono camicette, dalle tende blu dell'oscuramento si ricavano pantaloni e short»; e Lucia Bosè diventa Miss Italia 1947 indossando il costume cucito dalla madre.

Quell'anno Harper's Bazaar, la bibbia americana del fashion, dedica il numero di luglio alla «New Italy». Vogue risponde mandando un'inviata a Roma, Bettina Ballard, che annota: le italiane vestono «abiti preguerra, ma con sete stampate per cui io vestita all'ultima moda parigina mi sono sentita veramente out».

Nella capitale emergono le sorelle Zoe, Micol e Giovanna Fontana, arrivate da piccole a Roma da Traversetolo, Parma. La famiglia ha un'antica tradizione sartoriale, loro hanno imparato dalla mamma, Amabile. Diventano famose quando firmano l'abito in raso bianco di Linda Christian, che sposa Tyrone Power (in tight Caraceni). Il cinema, compresa Hollywood, le sceglie per firmare gli abiti di scena dei film, tra cui *La dolce vita, Le amiche, La contessa scalza, Il sole sorgerà ancora.* L'Alitalia commissiona alle sorelle Fontana le uniformi delle hostess. Liz Taylor, Marella Agnelli, Jacqueline Kennedy, Audrey Hepburn, Grace Kelly, Ava Gardner indossano le loro creazioni.

A Milano la sarta più importante è Elvira Leonardi. Si firma Bicchi, «birichina», il soprannome che le ha dato il nonno, il grande musicista Giacomo Puccini. Già da piccola raccoglieva stracci e ne faceva vestiti per le bambole. Da ragazza ha confezionato maglioni per i soldati della Grande Guerra. Ma quando ha deciso di fare della sartoria un mestiere, i genitori le hanno voltato le spalle.

Con un'amica, Gina Cicogna, nel 1934 ha fondato una casa di moda per biancheria intima, in via Senato a Milano: alle sfilate viene anche Gabriele D'Annunzio, che ordina per le sue donne intere collezioni; non paga mai, ma le definisce «opere d'arte che avvolgono il corpo femminile». È D'Annunzio a consigliare a Elvira di cambiare il nome d'arte: da Bicchi a Biki, che suona internazionale.

Ha sposato un francese, e durante la guerra è considerata nemica: il suo atelier è sequestrato dai tedeschi, lei rinchiusa in un campo di prigionia. Ma dopo la Liberazione è di nuovo a Milano, al lavoro.

Nel settembre 1948 Biki organizza a Villa d'Este, sul lago di Como, una sfilata che resterà nella storia per un delitto: la contessa Pia Bellentani uccide l'amante, l'industriale Carlo Sacchi. È il primo scandalo del dopoguerra. Va tutto bene invece al ballo in maschera a Venezia, sotto gli affreschi di Tiepolo a Palazzo Labia: metà degli invitati vestono i costumi di Biki.

Sono sue clienti Alida Valli, Sophia Loren, Isa Miranda, e anche Jeanne Moreau e Ingrid Bergman; mentre la principessa Margaret la convoca a Londra, dove lei porta abiti e modelle. Ma quando nel suo atelier si affaccia Maria Callas, le impone di dimagrire. La cantante perde venti chili, poi trenta, infine quaranta: tutti si chiedono come abbia fatto, si racconta che abbia inghiottito il verme solitario. È Biki a firmare i 23 abiti da sera, i 23 abiti da giorno e i 23 costumi da bagno con cui la Callas sale a bordo del Christina, lo yacht di Onassis: il marito, il povero Giovanni Meneghini, viene sbarcato; i due greci più famosi al mondo si fidanzano. Finirà male.

Il mercato di massa cambia la moda: le gonne si accorciano, i tacchi si fanno lunghi e stretti, i colori si moltiplicano. Biki compra i primi maglioni di due stilisti sconosciuti, Rosita e Ottavio Missoni. Firma biancheria, foulard, borse, e anche piastrelle e moquette. Quando poi nel Sessantotto i contestatori bersaglieranno di uova le signore in lungo alla prima della Scala, Biki capirà che tutto deve cambiare: addio raso e seta; pure la sera ci si vestirà di lana e tweed.

Anche l'arte si apre alle donne italiane. Nel 1946, a 22 anni, arriva a Roma da Trapani Carla Accardi. È la compagna di un pittore, Antonio Sanfilippo, e questo lei vuol essere: pittore. «Ero certa di voler fare qualcosa di diverso da ciò che facevano le donne artiste» dirà. «Per me loro erano soprattutto delle pittrici, delle signore che si dilettavano. Mi volevo allontanare il più possibile da quell'immagine, mi facevo chiamare artista e non pittrice.»

È un altro siciliano, Pietro Consagra, a portare la Accardi e Sanfilippo nello studio di Renato Guttuso, al

48 di via Margutta, dove si incontrano anche Dorazio, Perilli, Turcato. Sono tutti comunisti, ma mentre Guttuso è legato alla pittura figurativa, i giovani dipingono forme geometriche astratte. «Sono scarabocchi!» li apostrofa il maestro; però loro hanno l'appoggio di Palma Bucarelli e della sua Galleria d'arte moderna. E Carla uscirà dal Pci dopo il 1956 e l'invasione dell'Ungheria.

Sa di essere una pioniera: «Un'artista donna all'epoca era una rarità; si sa cosa si pensava delle donne che sceglievano una vita diversa da quella borghese di mogli e di madri. Ero di sinistra e amavo l'arte astratta. Togliatti appoggiava solo l'arte figurativa e pensava che gli operai non capissero l'arte astratta; dimenticando che era nata in Russia, dove c'era stata la grande rivoluzione».

La Accardi diventa presto protagonista della nuova era dell'astrazione. Crede nel femminismo, stringe un sodalizio con la critica Carla Lonzi. Ma rifiuta la distinzione di genere, anzi rivendica la specificità del suo talento e del suo mestiere: «Ero nata donna per caso, ma non ero nata artista per caso». Sarà un esempio per le generazioni più giovani. Con Gianna Nannini concepirà un'installazione sonora: una superficie in ceramica di Carla, e la registrazione dei passi di Gianna sulla piazza Rossa a Mosca.

Nella Torino semidistrutta dai bombardamenti una giovane donna inaugura una mostra coraggiosa e irriverente: ha dipinto pissoir, donne in semiestasi erotica, sessi maschili e femminili, dentiere, lingue di fuori, scopini da bagno, protesi, volpi nere. È il 1945. Le immagini evocano un mistero osceno, accendono il senso del mostruoso, rappresentano il volto perverso della dittatura e della sofferenza di ognuno. I torinesi hanno visto cose ben peggiori delle «carte scostumate» di Carol Rama, ma lei tocca corde che offendono la sensibilità borghese, il perbenismo, la morale. Si muove il Vaticano: con una lettera segnala la mostra alla censura, che la fa chiudere.

L'autrice si chiama Olga Carolina Rama, ma si firma Carol Rama e, dopo l'incontro con Man Ray, Carolrama, tutto attaccato. È il grande pittore e fotografo a convincerla a cambiare aspetto, rinunciando alla criniera leonina stile afro per la treccia a corona sulla fronte, con cui entrerà nella storia dell'arte.

Carol dipinge usando i rossetti e lo smalto per unghie di sua madre. Il padre, Amabile Rama, piccolo industriale di automobili e biciclette, ha fatto bancarotta e si è suicidato nel 1942. Tre anni prima la figlia gli ha schizzato un ritratto che ora pare una premonizione: l'ha raffigurato come un Cristo, la testa appoggiata su una serie di rasoi.

Amica di Duchamp, di Montale e di un poeta sperimentatore come lei, Edoardo Sanguineti, ma a lungo disconosciuta dalla critica ufficiale, Carol Rama racconta di sesso e religione, di carne e spirito. Va contro l'ordine costituito, sfida il decoro del potere, ritraendo carabinieri nudi con i cappelli appesi fuori dagli orinatoi. Il suo mondo immaginario è popolato di sanguisughe (lei stessa racconta di come i fratelli le cavassero il sangue per poi venderlo e coi soldi andare al cinema) e di protesi in legno, prodotte nel laboratorio dello zio ortopedico per i mutilati di guerra, che Carol terrà sul comò della stanza da letto sino alla fine.

Tra gli amici che frequentano la sua casa vicino al Po, piena di opere e oggetti, ci sono Italo Calvino e grandi musicisti: Arturo Benedetti Michelangeli, Luciano Berio. Massimo Mila le presenta un romanziere tormentato dagli amori infelici, Cesare Pavese. Carol frequenta gli eccentrici come lei: Carlo Mollino, l'architetto, e Giorgio Manganelli, lo scrittore.

La consacrazione arriverà tardi, nel 1980, quando un'altra donna, la critica Lea Vergine, le affiderà la sala d'apertura della grande mostra «L'altra metà dell'avanguardia» a Milano. Quando vede le sue opere finalmente valorizzate, Carol non è felice: «Mi sono incazzata, sì, perché se è vero che sono così brava non capisco perché abbia dovuto fare tanta fame, anche se sono donna».

Con Andy Warhol è intesa a prima vista. Lei stessa racconterà l'incontro: «Era affascinante. Un giorno mi ha detto: "Sei proprio intelligente. Se mi prometti che non smetti di parlare sarai la prima donna con cui farò l'amore". Mi baciò. Aveva una lingua lunghissima, come le mucche». La vita con un uomo, però, Carol non l'ha condivisa mai: «Sono brutta, povera, incazzosa. Come si faceva ad amarmi?».

Negli anni Sessanta Pasolini scrive, con una punta di rimpianto: «È vero che per secoli la donna è stata tenuta esclusa dalla vita civile, dalle professioni, dalla politica. Ma al tempo stesso ha goduto tutti i privilegi che l'amore dell'uomo le dava: ha vissuto l'esperienza straordinaria di essere serva e regina, schiava e angelo. La schiavitù non è una situazione peggiore della libertà: può anzi essere meravigliosa».

Oggi possiamo serenamente concludere che Pasolini, lungimirante in altre circostanze, si sbagliava. La schiavitù è una condizione orribile. L'uomo ancora fatica a rinunciare al potere sulla donna, sul suo corpo e sulla sua anima. L'Italia resta per certi versi un Paese maschilista, resistono discriminazioni e violenze. Ma l'ascesa delle italiane è ormai inarrestabile. L'uomo e la donna non sono angeli; e la tentazione di innalzarli a una dimensione di astratta purezza è destinata a scontrarsi con una realtà infinitamente più complicata, dura, viva e vera. La donna può tradire, lasciare, vestirsi come vuole, uscire con chi vuole. Ci sono voluti decenni perché questa libertà venisse riconosciuta. Accade tuttora che sia contestata: nei tribunali, nelle famiglie, e non solo in quelle dei nuovi italiani, i quali vorrebbero che ragazze nate e cresciute qui si comportassero come in un villaggio marocchino o pachistano.

L'Italia è un passo indietro alla Germania, dove i leader di tutti i partiti sono donne, e anche alla Spagna, dove sono donne la maggioranza dei ministri. Ma la condizione di una giovane italiana è oggi incomparabilmente migliore di quella di una sua coetanea del 1948. Il debito di gratitudine che tutti noi, uomini compresi, abbiamo per le donne della Ricostruzione, per le nostre madri e le nostre nonne, è immenso.

Otto

LA GRANDE IRREGOLARE

Anna Magnani contro Ingrid Bergman

Il 7 maggio 1948, la sera prima del suo quarantaduesimo compleanno, il regista Roberto Rossellini ricevette la lettera che avrebbe fatto la felicità di ogni uomo. Era firmata dalla più famosa attrice del mondo, Ingrid Bergman, la protagonista di *Casablanca* – era talmente alta che per baciarla Humphrey Bogart doveva salire su una cassetta di frutta –, *Per chi suona la campana* e *Notorius* di Alfred Hitchcock, con cui aveva vinto l'Oscar.

La lettera aveva l'orlo bruciato: indirizzata alla casa di produzione Minerva, era scampata per miracolo al rogo della sede romana, in cui erano arse vive 24 persone ed erano andati perduti interi scaffali di pellicole e di carte. Il tono era seducente, quasi allusivo: «Mr Rossellini, ho visto i suoi film *Roma città aperta* e *Paisà*, e li ho apprezzati moltissimo. Se ha bisogno di un'attrice svedese, che parla molto bene l'inglese, non ha dimenticato il tedesco, non riesce a farsi capire molto bene in francese e in italiano sa dire soltanto "ti amo", sono pronta a venire in Italia per lavorare con lei».

In realtà, quella di Ingrid non era una promessa d'amore, ma una citazione. La Bergman diceva «ti amo» – in italiano – in un suo film, *Arco di trionfo*; ma Rossellini non l'aveva visto. Così rispose con grande calore. E decise un viaggio a Hollywood, per conoscere la diva e preparare un'opera comune.

Rossellini era diventato celebre per un film girato nella capitale affamata in cui erano appena arrivati gli americani, *Roma città aperta*. Un capolavoro fatto con niente: brandelli di pellicola comprati alla borsa nera, attori presi dalla vita, scene girate in strada con la luce naturale, oppure in uno studio che si trovava sotto un bordello: il regista aveva voluto che nel film si sentissero i sospiri, come il rantolo di una città in disfacimento.

La protagonista era un'attrice straordinaria: Anna Magnani. Una vera irregolare. A differenza delle altre dive, non era rassicurante, e non voleva essere rassicurata. Sophia Loren e Silvana Mangano erano sorridenti, giunoniche, matriarcali. Offrivano protezione e ne chiedevano. Si erano assicurate la serenità artistica ed economica sposando i più grandi produttori del tempo, Carlo Ponti e Dino De Laurentiis; e altrettanto avrebbe fatto Claudia Cardinale con Franco Cristaldi. Anna Magnani era magra, scavata, inquieta. Alla compagnia dei ricchi e potenti preferiva quella della sua cagnolona, che con gusto del paradosso aveva chiamato Micia: le parlava ed era convinta che lei le parlasse; aveva sempre la casa piena di altri cani raccolti per strada, che regalava agli amici verificandone però di continuo salute e felicità. Jean Cocteau, il poeta, la definiva «la spettinata più affascinante d'Italia». La sua recitazione poteva apparire espressionista, come sosteneva il suo amico Indro Montanelli: «Se rideva, era la risata d'una baccante; se piangeva, era il pianto d'una lamentatrice lucana». Ma la scena in cui cade sotto la raffica di mitragliatrice dei nazisti era già, e sarebbe rimasta, la più celebre nella storia del cinema italiano.

La lavorazione di *Roma città aperta* era stata talmente intensa e coinvolgente, che la protagonista e il regista si erano innamorati. Rossellini non era bello. Era pelatino ed «era grasso, in un Paese di uomini magri per la fame recente degli anni di guerra», come annota Marcello Sorgi in un libro bellissimo, *Le amanti del vulcano*, pubblicato da Rizzoli. Indolente e viziato, Roberto passava le giornate a letto e le notti in trattoria, girando nella Roma addormentata su una fuoriserie cabriolet. Grande affabulatore, era uomo di enorme fascino. Alla sua scuola stava crescendo, come aiuto regista e compagno di mangiate e bevute, un giovane arrivato da Rimini che aveva campato vendendo caricature in via Nazionale e procurando donnine ai soldati americani: Federico Fellini.

Anna Magnani e Rossellini vivevano in albergo, nella stanza 515 dell'Excelsior, in via Veneto. Entrambi erano sposati e separati. Anna aveva testa e cuore, ma un carattere impossibile, eredità di una giovinezza che l'aveva messa alla prova. Il padre non l'aveva riconosciuta. Magnani era il nome della madre, Marina, che si era legata a un tedesco. L'uomo le aveva proposto una nuova vita ad Alessandria d'Egitto, a una condizione: non portare con sé la bambina. Così Anna era cresciuta senza madre, con la nonna, cinque zie – Dora, Maria, Olga, Rina e Italia, tutte sarte – e la paura di essere abbandonata, che l'avrebbe perseguitata per tutta la vita. Aveva anche tentato di ritrovare la madre in Egitto, invano. Non amava mostrare i documenti, su cui alla voce padre era scritto N.N.; una sera che il guardiano di un garage, insospettito nel vederla arrivare al volante di una Buick enorme, aveva insistito a chiederglieli, Anna aveva perso la calma, come le accadeva spesso: «Allora vuoi sapè pe' forza che so' fija de 'na mignotta!».

La fama era arrivata con Totò e i teatri di rivista. «Nannarella» sapeva mescolare il dramma e la commedia, sapeva far piangere e ridere. Del resto, la consuetudine con il dolore non l'aveva mai abbandonata: il matrimonio con il regista Goffredo Alessandrini era fallito; il figlio Luca, avuto con l'attore Massimo Serato, aveva contratto la poliomielite e non avrebbe più camminato.

Rossellini aveva perso il suo primogenito, Romano, all'improvviso: erano i tempi in cui si moriva di appendicite. La prima moglie, Marcella, l'aveva lasciato dopo averlo sorpreso con una ballerina tedesca; ma i due sarebbero rimasti in qualche modo legati fino alla morte. La nuova storia con la Magnani, però, si era rivelata per lei un grande dolore. Troppo forte la personalità della rivale, troppo forte il legame con l'uomo che Marcella continuava a considerare il suo.

Il bello di stare con Rossellini era che la vita, il lavoro e l'amore coincidevano. In quella primavera del '48, lui e Anna frequentavano a Roma un gruppo di aristocratici siciliani, che avevano fondato una casa di produzione – la Panaria – intitolata a una delle isole Eolie, e avevano concepito l'idea di un film, da girare a Vulcano. La trama era semplice: sull'isola arriva una «fimmena» straniera, dal passato oscuro, che viene rifiutata dalla comunità. D'istinto Rossellini aveva pensato a una donna intravista a Farfa, dietro la rete di un campo profughe, dov'era stato con Fellini e Flaiano: una ragazza alta e bionda che veniva da lontano, forse dal Nord Europa. Un problema, visto che la Magnani era mediterranea e corvina. O forse un presagio.

Anna avvertì subito il pericolo di essere tradita due volte, nell'arte e nei sentimenti. Era in vacanza ad Amalfi con Roberto, all'hotel Luna, quando fu raggiunta dalle prime voci: il suo uomo era in contatto con la Bergman. Rossellini in effetti aspettava un telegramma da Ingrid per fissare il primo appuntamento, e aveva dato ordine al direttore dell'albergo di avvisarlo in gran segreto. Ma il cameriere non aveva calcolato l'intuito della Magnani. Così, quando si chinò all'orecchio del regista per dirle che l'atteso messaggio era arrivato, Anna fece finta di nulla, e continuò a condire gli spaghetti al pomodoro, aggiungendo altra salsa dal piatto di portata: «Va bene così, Robbè?». «Sì, grazie Anna». «Bene. Eccoteli!» disse. E gli rovesciò il piatto in testa.

I due si riappacificarono, ma per poco. Rossellini preparava la fuga, per raggiungere la Bergman a Hollywood. La mattina del 17 gennaio 1949, dopo una notte insonne, si alzò molto presto. Anna si svegliò di soprassalto: «Che c'è?». «Niente, non ho sonno, porto i tuoi cani a passeggio». Lei si girò dall'altra parte. Ma lui affidò i cani al portiere dell'Excelsior, e sparì.

Il viaggio in America di Rossellini fu un successo. Di Hollywood non gli importava molto: per lui il cinema era un'arte, non un'industria; eppure quell'italiano estroso colpì i giornalisti americani. Si sistemò a casa di Ingrid e del marito Petter Lindström, un dentista svedese freddo e metodico, ossessionato dall'igiene e dalla ginnastica. Ingrid l'aveva già tradito, a Parigi, con il grande fotografo di guerra Robert Capa; ma poi era tornata a casa, anche per amore della figlia Pia, lasciando Capa alle sue avventure, concluse nel 1954 su una mina in Vietnam.

Il progetto del film cominciò a prendere corpo. L'avrebbe finanziato un magnate americano, Howard Hughes, proprietario della compagnia aerea Twa, che aveva comprato una casa cinematografica per amore – non corrisposto – della Bergman. Dolorosamente sorpreso dalla notizia che la donna venerata avrebbe recitato coperta di stracci, il produttore pose una sola condizione: nel film successivo avrebbe indossato i migliori vestiti e gioielli, scelti personalmente da lui.

Tornato a Roma, Rossellini avvertì gli amici della Panaria, che la presero malissimo e inveirono contro di lui per tutta la sera: «Ladro!». La Magnani si schierò con loro: erano stati tutti ingannati da quel «brutto frocio magnaccia che se sta sempre a fa' li cazzi sua»; ma il film si doveva fare lo stesso. E se Rossellini con gli americani avrebbe girato a Stromboli, loro sarebbero andati a Vulcano.

Ingrid Bergman arrivò a Ciampino il 20 marzo; Rossellini salì fin sulla scaletta dell'aereo per accoglierla. La suite dell'Excelsior a lei riservata era decorata con disegni d'occasione di Fellini, il letto coperto di rose e gigli. Vollero conoscerla Carlo Levi e Renato Guttuso. Aldo Fabrizi le regalò una bambola in costume ciociaro e chiese l'onore di potersi «affacciare» nel prossimo film.

Rossellini la volle portare in Sicilia sulla sua cabriolet, per farle scoprire l'Italia. Ingrid rimase stupefatta da un Paese bellissimo e ferito, vivendo uno di quegli stati di trance che preludono a un'immensa felicità o a una grande sofferenza.

Lui guidava nervoso su strade deserte, si fermava per il tramonto nei luoghi più romantici, le parlava ore e ore in un misto di italiano e francese, inframmezzato con le poche parole di inglese che aveva imparato per lei. A Capri si capì che stava nascendo qualcosa. L'amore cominciò ad Amalfi. All'hotel Luna, lo stesso dove Anna aveva rovesciato gli spaghetti in testa a Rossellini. La notte stessa la Bergman scrisse al marito per confessargli il tradimento e chiedergli il divorzio.

Il viaggio proseguì in un'atmosfera come di sogno. Sulla spiaggia di Salerno, per stupirla, Rossellini reclutò un pescatore – Mario Vitale, uno che era stato in galera per contrabbando – per farlo recitare nel film. A Paestum le mostrò i templi. La Calabria passò in un attimo. A Cosenza il sindaco, grande ammiratore della diva, convocò i bambini delle scuole per darle il benvenuto, e volle che lei dormisse nelle lenzuola – dopo averle firmate – in cui lui aveva passato la prima notte di nozze; la stanza purtroppo non aveva il bagno, e Ingrid dovette uscire sul corridoio stipato di fan; quando rientrò ci fu un grande applauso.

Attraversando lo Stretto agitato dal vento, Roberto le raccontò la storia di Scilla e Cariddi. Volle farle vedere Taormina, poi Milazzo, da dove un peschereccio li portò alle Eolie. Parve eccessivo rubare alla Magnani anche l'isola; così, anziché Vulcano, fu scelto l'altro vulcano attivo: Stromboli. «Un cupo silenzio carico di ostilità» scrive Sorgi «era sceso sul braccio di mare che separava le due montagne gorgoglianti di lava infuocata e sabbia nerissima.»

La troupe della Magnani arrivò con due mesi di ritardo; ma aveva a disposizione l'isola più adatta. Vulcano era più vicina alla Sicilia e a Lipari, con il paese dove rifornirsi e la spiaggia di pomice dove furono girate scene bellissime, con i capelli neri della Magnani che risaltavano sul bianco della pietra. Il cono vulcanico era più basso e soprattutto spento. Straordinario il livello dei collaboratori: Vitaliano Brancati curava i dialoghi in siciliano, il fotografo di scena era Fosco Maraini; regista il tedesco Dieterle, detto Dhitler per la sua durezza. Arrivarono anche Errol Flynn, in visita di cortesia, e Aldo Fabrizi, alla ricerca di un ruolo che gli fu negato.

Le Eolie non erano diverse dai paesi in cui Visconti e Zeffirelli avevano girato *La terra trema*, trovandoli di una «povertà medievale». Non c'erano la luce elettrica né il telefono; si comunicava con il telegrafo o per posta. Ogni sera arrivavano dal continente sacchi di lettere per la Bergman: quasi tutti insulti. Life aveva pubblicato le foto di Amalfi con Rossellini. Lei, che aveva appena interpretato Giovanna d'Arco – una santa – che agli occhi dell'America puritana appariva angelica, all'improvviso era diventata una donna perduta. L'unico a consolarla fu Ernest Hemingway, che le scrisse: «Tu sei una grande attrice. Le grandi attrici hanno sempre grossi guai, prima o poi; se non li hanno vuol dire che sono stronze. (Puoi cancellare le parolacce.) E tutto ciò che le grandi attrici fanno, viene loro perdonato».

Anna e Roberto avevano continuato a parlarsi a distanza. Lei aveva scritto una lettera all'Europeo per dargli un'ultima possibilità: «Sono assolutamente convinta che il signor Rossellini, da vero artista e da galantuomo, non verrà meno ai suoi doveri nei riguardi di un'artista, soprattutto italiana». Poi, quando ormai il tradimento apparve conclamato, aveva affidato un messaggio agli amici comuni: «Comprerò un servizio di piatti da ventiquattro, solo per il gusto di spaccarteli in testa uno a uno». Conoscendola, lui capì che non stava scherzando e tentò di placarla dichiarando ai giornali americani che «non esiste nessuno più grande della Magnani», e non vedeva l'ora di fare un film con lei sugli emigrati italiani. Alle Eolie, però, le comunicazioni erano interrotte.

A Stromboli lui passava notti incantate, abbracciato a Ingrid, nella casetta rossa tra il paese e il vulcano, che ogni quarto d'ora faceva sentire lo sbuffo caldo e tremolare la terra. Lei era sola. Anche la cameriera Elena era passata al servizio della Bergman. Talora lanciava maledizioni a «quer puzzone de Robberto e qua' traffichina de la Bergman». Si era portata l'autista, ma a Vulcano non c'erano auto né strade; così girava a dorso di mulo, con Micia in braccio, acclamata dagli isolani. La notte tentava invano di prendere sonno. E cercava pace in un diversivo.

Aveva notato uno splendido ragazzo di 23 anni dagli occhi scuri, Gianni, che per la prestanza avevano soprannominato Colosseo. La sua consegna era precisa: «A Colossè, qui fa troppo caldo. Tu devi sta' sempre accanto a me co' 'na brocca piena d'acqua e de succo de limone, devi esse' 'n'ombra». Colosseo la prese alla lettera, arrivando a dormire accucciato sulla porta della casetta di Anna. Una notte in cui il dolore e l'angoscia, anziché deprimerla, le avevano ravvivato la fame di vita, la Magnani lo afferrò e lo trascinò dentro. Volle essere presa con furia. Poi lo rispedì fuori.

Non era la prima volta, e non sarebbe stata l'ultima. Qualche anno dopo, Marlon Brando, che non aveva mai incontrato, le preannunciò una visita nel suo albergo di New York. Scrive Montanelli: «Mi convocò terrorizzata. Dopo qualche minuto di conversazione, anzi di monologo perché Anna, che se lo beveva con gli occhi, per soggezione non aveva proferito verbo, come se nulla fosse Brando le prese la testa tra le mani e se l'attirò sulle ginocchia. Anna era come paralizzata dallo stupore. Ma dopo un po' le si accese un guizzo negli occhi. E girandosi verso di me sussurrò: "Ao', vedi un po' d'annattene..."».

Colosseo, viste le buone prove, venne investito di un'altra missione. Si trattava di infiltrarsi nella troupe rivale per carpire qualche segreto. I produttori siciliani avevano già fatto un tentativo, ma la spia era stata scoperta mentre tentava di rubare la sceneggiatura e presa a calci. Allora la Magnani inviò a Stromboli il suo uomo: «A Colossè, mimetizzate. Fa' finta d'esse' pescatore, contadino, fa' er filo a quarche comparsa, ma me raccomanno, nun fa' capi' a nessuno da dove arivi».

Colosseo non tradì le aspettative. Anche Rossellini fu impressionato dalla sua mole, e lo scritturò. Ma quando Anna gli rivolse la fatidica domanda, lui disse la verità: si vedeva che il regista e la Bergman erano davvero innamorati. «Brutti stronzi, fiji de 'na mignotta!» cominciò a imprecare la Magnani. E frantumò a terra il bicchiere di acqua e limone che Colosseo aveva avuto la cattiva idea di passarle.

Anche Micia le dava preoccupazioni. Un giorno, durante una gita, venne dimenticata a Lipari; ma tornò dalla sua disperata padrona a nuoto. Le conversazioni con la cagnolona proseguivano fitte ogni sera. Una volta lei raccontò alla padrona – o almeno la Magnani ne era convinta – di essere stata molestata da un gruppo di cagnacci di strada. Un altro ragazzo, Cesarino, fu così incaricato di scortare Micia, e di allontanare i randagi a bastonate. Pure lui, come Colosseo, vigilava la notte sulla porta di casa.

Falliti miseramente i tentativi di spionaggio, i due film – a parte ovviamente la maestria di Rossellini – riuscirono quasi identici, compresa la mattanza dei tonni e la fuga finale sul vulcano. Il regista tedesco vinse però la gara di velocità: il lavoro era pressoché finito già il 26 luglio, quando la troupe festeggiò l'onomastico di Anna insieme con gli isolani, che ormai la adoravano.

Ogni tanto arrivavano navi di ammiratori. Un bastimento carico di mille calabresi sbarcò a Vulcano per chiedere della signora Magnani, che li ricevette calorosamente di persona. A Stromboli si presentò invece un'imbarcazione piena di fan della Bergman, che avevano pagato 500 lire l'uno con la promessa di incontrare la diva. La produzione li accolse dicendo che erano stati truffati e dovevano tornare indietro: Ingrid stava lavorando e non poteva essere disturbata. Inoltre aveva appena scoperto di aspettare un figlio da Roberto, e non aveva certo intenzione di esporsi a sguardi curiosi. Dopo lunghe insistenze, gli ammiratori ottennero che lei si affacciasse sul terrazzo della canonica, per salutarli da lontano. Ma loro erano lì per una stretta di mano e un autografo, e ci rimasero malissimo. Così, quando la Bergman si voltò per rientrare, gridarono: «Viva la Magnani!».

Robertino Rossellini, il primo figlio della coppia, nacque alle 7 della sera in cui a Roma era prevista la prima di *Vulcano*. La Magnani lo seppe e non si fece vedere. La proiezione riuscì disastrosa: prima si fuse una valvola, poi si ruppe la pellicola; alla terza interruzione il pubblico cominciò a uscire. Si parlò di un sabotaggio architettato da Rossellini. La critica fu spietata. Anche Flaiano, che pure era amico di Anna, stroncò il film. Lei non gliene volle, mentre si arrabbiò quando per ragioni pubblicitarie venne diffusa la voce, ovviamente falsa, che il coprotagonista Rossano Brazzi era stato aggredito da uno squalo durante le riprese.

Neppure *Stromboli* fu un successo. L'America non aveva perdonato alla «santa» di essersi innamorata di un uomo che non era il marito. La stampa italiana ovviamente si schierò con la Magnani. Irene Brin, nome d'arte di Maria Vittoria Rossi, scrisse un perfido ritratto della Bergman, raccontata con «la voce esitante, i gesti complicati, il frequente sorriso delle straniere al mercato».

Colosseo fu convocato a Roma. Arrivò in treno dalla Sicilia e trovò un autista ad attenderlo. «Mi portò in un appartamento bellissimo» ha ricordato. «C'era di tutto. Vestiti che non avevo mai visto in vita mia e scarpe, tante scarpe.» Ma Colosseo, come molti ragazzi della sua età, di scarpe non ne aveva mai messe. Quella sera andò ad attendere la Magnani fuori dal teatro, poi cenò con lei, Fellini e i loro amici. Non aprì bocca, e al ritorno si tolse le scarpe mettendone una nella tasca destra e una nella sinistra. Fellini e gli altri scoppiarono a ridere e subito lo imitarono, per la gioia dei paparazzi. Il mattino dopo un giornale titolò: «La Magnani lancia la moda degli uomini scalzi».

Petter Lindström negò il divorzio alla Bergman: Robertino venne iscritto all'anagrafe come «figlio di Rossellini e di madre temporaneamente ignota», altrimenti avrebbe dovuto portare il cognome del marito abbandonato; proprio come il figlio di Coppi e della Dama Bianca. Marcella, la prima moglie di Rossellini, accettò invece di aiutarlo: prese la cittadinanza austriaca pur di concedergli quel divorzio che aveva rifiutato quando lui voleva sposare la Magnani. Anna tornò a scrivere ai giornali: «Le dichiarazioni dell'ex signora Rossellini mi ricordano il giorno in cui questo singolare tipo di moglie mi propose di sposare suo marito».

Neppure l'amore tra Ingrid e Roberto durò, nonostante la nascita di due splendide gemelle, Isotta e Isabella. I cinque film che fecero insieme furono un flop. Il tempo della fame, della disperazione, della miseria, insomma del neorealismo era finito. L'Italia era attraversata da un vitalismo, da uno slancio, da una confusione che avrebbero germinato la commedia all'italiana, che avrà come capolavoro *Il sorpasso*, film-simbolo della generazione successiva: quella del boom.

La Bergman tornò a recitare per i registi di Hollywood e si risposò con uno svedese ricco, che comprò per lei un teatro a Parigi. Rossellini partì per l'India, rimase un anno per girare un documentario, si innamorò ricambiato della giovane moglie del produttore, Sonali, e tornò in Italia con lei e due bambini: il più piccolo era suo figlio. Fece in tempo, prima di morire di infarto a 71 anni, a divorziare anche da lei, per mettersi con una donna di 46 anni più giovane: Silvia Cecchi D'Amico, figlia della sua amica Suso, la più importante sceneggiatrice italiana. Spirò però tra le braccia della prima moglie, Marcella, che era diventata la sua vicina di casa.

Anna e Ingrid morirono dello stesso male. La sofferenza riavvicinò la Magnani a Rossellini, che era appassionato di medicina e conosceva tutti i dottori di Roma: «Famme un favore, Robbè. Nun me fa' morì» l'aveva supplicato lei. Lui cercò in giro per il mondo una medicina miracolosa che non trovò.

Prima però la Magnani era apparsa in *Roma* di Fellini, ed era stata la musa di Pasolini. Era anche andata in America, dove ebbe un clamoroso successo. I giornalisti la inseguivano e lei rispondeva spazientita: «Quanto pesa il brillante che ha al dito?». «E che ne so!» «Quanti vestiti ha portato?» «Tre sottane e tre golf.» Le piacciono le bionde? «Moltissimo!» «E gli uomini americani?» «Beautiful!»

Quando era di buon umore, però, dava interviste bellissime. Come quando, alla vigilia della prima di *Vulcano*, stemperò la polemica con grande classe: «C'era un tempo in cui Sarah Bernhardt recitava *La Dame aux camélias* [La Signora delle camelie] in un teatro ed Eleonora Duse lo interpretava in un altro. La gente interessata all'arte andò a vederle entrambe, non con l'intenzione di decidere quale fosse l'interpretazione migliore, ma semplicemente per gioire del diverso stile. Più di recente abbiamo avuto due diversi Amleto a Broadway, e i teatri erano stracolmi. Così ora avremo due film con un vulcano che erutta sullo sfondo».

Nove

GLI IRREGOLARI

Achille Lauro, Giuseppe Dossetti, Giuseppe Di Vittorio, Guglielmo Giannini

Solo una Repubblica come quella italiana poteva permettersi un partito monarchico; che alle elezioni del 1948 prende 729 mila voti, quasi il 3 per cento. Il suo leader è un personaggio da romanzo, da film, da tragicommedia.

Achille Lauro, il Comandante

Achille Lauro passa per fascista, ma non è un beneficiato del regime. Alla guerra era contrario: da uomo di mare, sapeva che in mare gli inglesi ci avrebbero sconfitti. Nel 1940 aveva una flotta di 57 navi; nel 1943 non gliene rimane nessuna. Ma siccome Mussolini gli ha affidato i giornali della sua città – il Corriere di Napoli, Il Mattino, il Roma –, gli Alleati hanno occupato il suo palazzo e l'hanno chiuso per quasi due anni in un campo di prigionia, dove non ha perso il gusto della sfida. A un ufficiale inglese che minacciava di ucciderlo ha risposto sbottonandosi i pantaloni e gridando: «Vuie accedite a chisto, o' pescione!».

Quando è tornato a Napoli, ricorderà lui stesso, «nella breve camminata che dovetti compiere per raggiungere la mia casa in via dei Mille mi accorsi che tutti mi scansavano o facevano finta di non vedermi. In cuor mio giurai: "Mi verrete a riverire ancora"».

Lauro capisce che nella giovane democrazia un imprenditore, in particolare al Sud, deve contare nella politica. Non sapendo come farsi un partito, se lo compra. È disponibile su piazza il vecchio partito nazionale monarchico. Lauro paga i debiti, compra deputati, stipendia aristocratici e altri vecchi arnesi. La campagna per le amministrative del 1952 è basata su grandi distribuzioni di pasta, anche se è forse esagerata la leggenda secondo cui prima del voto Lauro regali al popolo dei bassi la scarpa destra, e dopo il voto quella sinistra. Fatto sta che con 117 mila preferenze diventa sindaco di Napoli, e come primo gesto va in visita a re Umberto, nel dignitoso esilio portoghese.

Il trionfo arriva alle politiche del 1953: consensi più che raddoppiati; vota Lauro quasi il 7 per cento degli italiani. Il Comandante batte cassa: in cambio dell'appoggio al governo democristiano, riesce a raddoppiare anche gli stanziamenti per Napoli. La festa di Piedigrotta di quell'anno è leggendaria, con un Pulcinella alto come i palazzi. Lauro si compra pure il Napoli calcio e gli regala il centravanti svedese Jeppson.

La sua ideologia, se ne ha una, è un misto di nostalgia – al Roma chiama il direttore della Stampa ai tempi del Duce, Alfredo Signoretti –, di paternalismo, di riscossa meridionalista, con venature neoborboniche. Pensa in napoletano e parla l'italiano come una lingua straniera, con gaffe storiche: «Il microfono non funziona, si chiami il radiologo!»; «Non lasceremo le vostre attese sulla sogliola di Montecitorio!». La folla lo adora, soprattutto quando accantona i bei discorsi che gli hanno scritto per rivolgersi direttamente al popolo: «Su questi fogli hanno scritto fesserie, ora guardiamoci negli occhi e parliamo liberamente».

Giorgio Bocca ci ha lasciato un racconto memorabile di un suo comizio: «"Sono un uomo che non ha rubato niente, che ha sempre lavorato, che ha dato ai poveri, e che prima di morire vorrebbe vedere felice questa bella e amatissima Napoli". "Bello sì ttu'" gli gridano dal basso, "Cummandà sì rricco", "Cummandà vuie tenite 'o pescione, vuie nun avita murì maie". Lui è il Comandante e tutto gli è permesso. Al mattino passeggia nudo sui terrazzi della nuova casa in via Crispi senza curarsi delle proteste delle monache del convento vicino». Aggiunge un giornalista che con Lauro ha lavorato, Pietro Zullino: «Nel suo grande ufficio si entra senza bussare perché non ci sono porte, ci sono degli archivolti; chi supera lo sbarramento dei "bravi" trova Lauro a colloquio con gente d'affari o parenti poveri che bussano a quattrini, ma può anche sorprenderlo mentre infila le mani sotto le vesti di una ragazza. Gli piacciono tutte. Se le prende dovunque e comunque, in fatto di garçonnière ha gusti semplicissimi: il porto è a due passi, una breve corsa in macchina verso un dock, la sosta, pochi minuti ed è già di ritorno».

Dossetti nel convento di Savonarola

Negli stessi anni in cui Achille Lauro diventa l'uomo più ricco di Napoli e colleziona «fimmine», un uomo altrettanto vulcanico, ma povero e vergine, diviene vicesegretario della Dc, vale a dire uno dei posti di maggior potere in Italia. Eppure Giuseppe Dossetti fu sempre inquieto, scontento, irriducibile. A ogni fallimento cambiò vita: leader politico, prete, frate. In ogni caso, la sua fu un'esistenza feconda, che ha lasciato dietro di sé valori, esempi, allievi.

A trent'anni è un capo partigiano: presidente del Comitato di liberazione di Reggio Emilia, cattolico tra tanti comunisti. È Dossetti il vero fondatore della sinistra democristiana. Per lui gli operai devono votare Dc, e quindi la Dc sul terreno sociale non può restare indietro rispetto ai marxisti; deve contendere loro metro su metro, nelle campagne, nelle fabbriche, nei sindacati.

Paradossalmente, il democristiano di sinistra Dossetti piace a Pio XII più del centrista De Gasperi. Perché De Gasperi è un laico; Dossetti è un integralista. Vuole che i cattolici e la Chiesa giochino la partita a tutto campo: non solo in Parlamento e al governo, ma all'università, nelle case editrici, nel cinema, nell'industria di Stato. Dossetti disprezza il denaro, concepisce il potere come strumento per cambiare le cose, ma senza accorgersene fornisce una base ideale e ideologica alla «razza padrona», ai «boiardi di Stato», che dietro le insegne del partito dominante si fanno avanti per prendersi tutto.

Lui vive come in stato di grazia. Con un altro giovane padre costituente dc, Giorgio La Pira, con il rettore dell'Università Cattolica, Giuseppe Lazzati, e con un professore universitario di piccola statura e grande energia, Amintore Fanfani, fonda un gruppo dal nome ambizioso, Civitas Humana; poi ribattezzato Comunità del Porcellino, perché i quattro amici abitano in una pensione di via della Chiesa Nuova con una senatrice bresciana che dice sempre «porco qui, porco là». Si sentono in missione per conto di Dio. Il loro disinteresse per i beni materiali – lo ricordano Stella e Rizzo ne *La casta* – è tale che ogni tanto qualcuno cede il cappotto a un barbone facendo a cambio con i suoi stracci, che vengono poi bruciati sul terrazzo condominiale.

Per disinnescarli, De Gasperi offre a La Pira il ministero del Lavoro. La Pira non si sente pronto e rifiuta. De Gasperi lo offre allora a Fanfani, che non se lo lascia ripetere due volte, e chiede a La Pira di fargli da sottosegretario. De Gasperi non si raccapezza ma non ha obiezioni. La Pira però vuole prima sottoporsi al «giudizio di Dio», sotto forma di un ragazzino che la comunità ha preso dalla strada e fa un po' da cameriere; il quale, intimidito, dice ovviamente che La Pira deve fare il sottosegretario.

Dossetti sa anche manovrare, però. De Gasperi vorrebbe al Quirinale il conte Sforza, che Dossetti considera troppo filoamericano: la sinistra dc non lo voterà; Sforza deve accontentarsi del ministero degli Esteri. Nella direzione democristiana, Dossetti è l'unico a votare contro l'adesione dell'Italia alla Nato. Il Vaticano è con lui: il Papa non vuole un'Italia asservita all'America; ma in un colloquio segreto, di notte, Sforza tocca la corda dell'anticomunismo e convince Pio XII a dare il via libera. Alla Camera vota per il Patto atlantico anche Dossetti. Ma dentro di lui qualcosa si è rotto.

È il 1952 quando va da La Pira ad avvisarlo in anteprima della sua decisione: lascerà la Dc, la Camera, la politica, e si farà prete. La Pira l'anno prima è diventato sindaco di Firenze, ma è anche terziario domenicano, e vive nel convento di San Marco, lo stesso del Savonarola. Riceve l'amico Giuseppe, che lui chiama

Pippo, in una delle celle affrescate dal Beato Angelico, in un'alternanza di crocifissioni particolarmente sanguinose e scene di speranza, come quella in cui Cristo dopo la Resurrezione scende nel Limbo per liberare Adamo e i patriarchi. Testimone del colloquio è un giovane giornalista fiorentino, Ettore Bernabei, uomo cui l'Italia della Ricostruzione e del boom deve molto: sarà per oltre dieci anni il direttore generale della Rai.

La Pira è furibondo. Continua a ripetere: «Perché? Perché te ne vai?». Il motivo è semplice: la Dc sta diventando, o forse è sempre stata, il partito dei conservatori, della destra moderata italiana; e in un partito così Dossetti non ci vuol stare. Ha litigato pure con Fanfani, che ha accettato di fare il ministro dell'Agricoltura e di attuare una riforma agraria che a lui appare timida, pensata più per i padroni che per i contadini. Ma c'è un'altra ragione. Dossetti si è convinto che tanto è tutto inutile; la guerra fredda la vinceranno i comunisti. E spiega a La Pira di aver saputo che nella Berlino occupata i russi sono andati casa per casa a prendere gli scienziati che lavoravano al progetto atomico di Hitler; le spie hanno fatto il resto; Mosca avrà presto armi nucleari più potenti di quelle degli americani. E in effetti l'anno dopo, nell'agosto 1953, esploderà la prima bomba all'idrogeno sovietica. Inoltre gli scienziati di una delle dieci città segrete disseminate nell'immenso territorio dell'Urss hanno scoperto un nuovo propellente, in grado di inviare missili nello spazio. Infatti nel 1957 saranno i russi a mettere in orbita il primo satellite, il primo essere vivente – la cagnetta Laika – e, nel 1961, il primo uomo: Jurij Gagarin.

Insomma, il santo Dossetti ragionava disponendo di notizie da agente segreto e di informazioni da scienziato. Ma non convince La Pira, che risponde con un'argomentazione molto semplice eppure incontrovertibile: «No, Pippo, ti sbagli. I comunisti perderanno. Perché sono senza Dio».

A suo modo, anche La Pira ha ragione. Dossetti comunque è di parola: si dimette da deputato e si ritira a Bologna, dove fonda l'istituto per le scienze religiose. Quando l'arcivescovo Lercaro gli chiede di candidarsi a sindaco contro il comunista Dozza, accetta. Ma poi si dimette da consigliere comunale e da professore universitario, per prendere i voti religiosi.

La sua vita resta frenetica anche da sacerdote. Partecipa al Concilio come collaboratore di Lercaro. Scrive l'omelia con cui, il giorno di Capodanno del 1968, il cardinale di Bologna condanna «in nome di Dio» i durissimi bombardamenti americani sul Nord Vietnam. L'America protesta. Paolo VI, che pure condivide alcune idee progressiste di Lercaro, lo rimuove. Dossetti si ritira in un convento sull'Appennino. Farà in tempo a vedere la caduta dell'Unione Sovietica e l'ascesa di Berlusconi, da lui commentata con grande preoccupazione, prima di morire nel 1996, pochi giorni prima di Natale.

Riposa a Montesole, accanto alle vittime della strage nazista di Marzabotto. La sua tensione morale ha avuto un'influenza profonda sul cattolicesimo italiano, e non solo nella Bologna di Andreatta e di Prodi.

Eppure Giorgio Bocca fa risalire al suo amico Fanfani, che nel 1953 prende il posto di De Gasperi alla testa della Dc, l'occupazione della società e dell'economia da parte della politica: «Ciò che [gli] interessa veramente, per non dire unicamente, è il partito, questo incredibile strumento del potere che da un giorno all'altro ti innalza ai vertici dello Stato, ti dà poteri economici decisionali anche se fino a ieri hai scritto libri di nessun valore, anche se sei un economista di cui nelle università dei Paesi avanzati riderebbero ... E l'Italia laica stupita, umiliata dovrà ascoltare per anni le banalità di Fanfani, le elucubrazioni di Aldo Moro, le melanconie di Antonio Segni, le divagazioni avventuristiche di Giovanni Gronchi ... Gente di scarse o nulle letture, che abita in case modeste e di cattivo gusto, che non ha la minima dimestichezza con letterati, artisti, che conosce poco o niente del mondo industriale; ma imbattibile a manovrare nei corridoi di un congresso, a organizzare la clientela, a tener buono il clero protettore».

Giudizi molto duri, forse troppo. La Dc è condannata al declino morale anche dalla mancanza di alternative. L'Italia della Ricostruzione è legata indissolubilmente all'America, e l'America non può tollerare che in un Paese liberato dai propri soldati vadano al potere i comunisti.

Ma nel partito staliniano di Togliatti c'è una voce eterodossa, talora quasi eretica; anche se dovrà più volte piegarsi alla logica di ferro del centralismo democratico, dell'ortodossia comunista. È la voce di Giuseppe Di Vittorio.

«Di Vittorio è in paradiso»

In un Pci grande ma un po' plumbeo, dominato da un professore detto «il Migliore» e legato a doppio filo a Mosca, spicca la sua figura bellissima di autodidatta, vicino alla gente, che non parla di proletariato o di classe operaia ma di «popolo lavoratore». C'è in Di Vittorio qualcosa di religioso. I braccianti pugliesi tengono in casa la sua foto accanto a quella della Madonna e del santo patrono. Peppino è uno di loro.

Suo padre è morto di polmonite, presa per mettere in salvo da un'alluvione il bestiame del padrone, marchese Rubino-Rossi. Il suo migliore amico, Ambrogio, è morto a 13 anni sotto i colpi della polizia, che stronca i moti dei contadini di Cerignola a prezzo di altre tre vittime. È un tempo in cui, com'è scritto nell'inchiesta parlamentare del 1909, gli agrari hanno «la convinzione che i contadini non siano uomini come loro».

A 7 anni Peppino è già nei campi. D'inverno resta a lungo disoccupato, mentre d'estate viene chiamato a giornata per una paga miserabile, cui si aggiunge una fetta di pane con qualche goccia d'olio. Si dorme tutti insieme in una baracca, la «cafoneria». Di notte lui accende un mozzicone di candela e manda a memoria il libro che si è comprato con i primi soldi messi da parte: un vocabolario.

È un leader naturale, riconosciuto dai compagni e dalla polizia. Quando nel 1912 viene eletto nel consiglio dell'Unione sindacale, gli portano la notizia in galera. Infiamma gli animi nei comizi, ma sa anche negoziare con il padrone. Fonda scuole serali per analfabeti e, con il medico anarchico Michele Moccia, un ambulatorio dove si curano anche gli alcolisti. Lo aiuta la sua figura umana: è un ragazzone cordiale, appassionato, pieno di calore, e lo resterà per tutta la vita; per questo apparirà come il contraltare di Togliatti, sussiegoso dietro i suoi occhiali da intellettuale.

Come Togliatti, Di Vittorio è favorevole all'intervento dell'Italia nella prima guerra mondiale; e il patriottismo resterà sempre una delle linee del suo pensiero. Nel 1916 è ferito gravemente sull'altopiano di Asiago. Al ritorno in Puglia lo attende un'altra battaglia, contro i fascisti.

Il suo nemico giurato è Giuseppe Caradonna, proprietario terriero di Cerignola, che arruola squadre di mazzieri, le milizie che massacrano i braccianti ribelli, e le mette al servizio del partito di Mussolini. «Caradonna era già fascista quando il duce era direttore dell'"Avanti!"» scriverà Peppino. Ha messo su famiglia: si è appena sposato con Carolina Morra, come lui bracciante e sindacalista; è diventato padre di Baldina. Però non rinuncia a battersi. Gli scontri sono durissimi, sanguinosi. I fascisti prevalgono grazie all'aperta simpatia delle forze dell'ordine: l'amministrazione socialista di Cerignola è costretta a dimettersi, Di Vittorio finisce di nuovo in carcere.

Alle elezioni del 1921 i mazzieri di Caradonna presidiano i seggi e aggrediscono i braccianti che tentano di votare: nove di loro sono uccisi, in una strage del tutto dimenticata. Di Vittorio è eletto lo stesso: ritroverà Caradonna alla Camera. Nel 1922, il giorno dell'assalto fascista alla Camera del Lavoro di Torino, nasce l'unico figlio maschio, che chiama Vindice, a esprimere il desiderio di riscatto.

L'ultima vittoria è la difesa di Bari dai fascisti: Di Vittorio arruola anche cattolici ed ex legionari fiumani; ma dopo l'intervento dell'esercito i mazzieri prendono la città, da cui marciano su Roma. Qualche sindacalista passa con il nuovo regime, che tenta di arruolare anche lui: il suo rifiuto è netto. Così lo scheda la polizia: «È lavoratore assiduo, e dal lavoro trae i mezzi di sostentamento. Nei suoi doveri verso la famiglia e i figli si comporta bene».

Dal 1924 è iscritto al partito comunista. Condannato a 12 anni di carcere, fugge in Francia, poi a Mosca. Nei vari traslochi cerca sempre case che abbiano un piccolo appezzamento di terra, dove piantare un orto che coltiva di persona. Ma per Di Vittorio sono gli anni peggiori. La moglie muore di tisi. Lo stalinismo costringe anche uno spirito ribelle come il suo al conformismo, da cui si scuote quando difende a rischio della vita il compagno Paolo Ravazzoli, espulso dal partito per aver criticato il dittatore sovietico.

Quando nel 1936 scoppia la guerra civile spagnola, Di Vittorio è ad Albacete, responsabile del campo di addestramento delle brigate internazionali, insieme con André Marty. Scrive lo storico Hugh Thomas che l'italiano «era capace e umano; il francese né l'uno né l'altro». Non fa in tempo a combattere la battaglia di Guadalajara, com'è scritto nelle agiografie: un'infezione ai denti lo costringe a rientrare a Parigi, dove passa due mesi in ospedale. Fonda un giornale, La voce degli italiani, e anche da direttore si conferma incapace di settarismo: scrive di Risorgimento e di Garibaldi, commemora D'Annunzio, rievoca la figura di Filippo Corridoni, il sindacalista rivoluzionario caduto sul Carso. Si rivolge anche ai «fascisti in buona fede»; ma sarà tra i pochi nel fronte antifascista a criticare duramente le leggi razziali. Il suo giornale è troppo libero: dall'Italia parte un commissario politico, Giuseppe Berti, con l'incarico di normalizzare i fuoriusciti.

Sarà Di Vittorio a rendere più umano Berti, che diventerà suo genero sposando Baldina. Ma prima Peppino è costretto a un'umiliante autocritica: «Noi eravamo usciti dai binari del bolscevismo, e l'Internazionale ci ha riportato sulla strada giusta. Io credo di dover aggiungere che in me ci sono ancora dei sedimenti del mio vecchio sindacalismo...». Quando però nell'agosto 1939 l'Urss si allea con Hitler per spartirsi la Polonia, Di Vittorio non si spiega e manifesta apertamente il proprio dissenso. Isolato dal partito, viene preso nel 1941 dalla polizia collaborazionista francese, consegnato ai fascisti, condannato a 5 anni di confino. La notizia della caduta del regime lo trova mentre coltiva il suo orto a Ventotene.

Clandestino nella Roma occupata dai nazisti, Di Vittorio realizza – con il socialista Bruno Buozzi, fucilato dai tedeschi, e il cattolico Achille Grandi – il sogno della vita: un grande sindacato unitario, che però non sopravvivrà all'inizio della guerra fredda. Nel 1946 sposa la donna cui è legato da tempo, Anita Contini, la sua segretaria nel giornale di Parigi; però non sa come dirlo ai figli, legatissimi – come lui – alla memoria della madre. Ma quando lo vedono pieno di imbarazzo, Baldina e Vindice scoppiano a ridere: «Papà, penserai mica che non ce ne fossimo accorti?».

Gli anni della Ricostruzione non sono facili per il capo della Cgil. La polizia spara sui cortei operai e contadini. Gli attivisti di sinistra sono messi ai margini in fabbrica, spesso licenziati. Il partito dissangua il sindacato in battaglie politiche contro gli Stati Uniti e a sostegno di Mosca, che non c'entrano nulla con gli interessi degli operai.

Il 30 gennaio 1950 si sciopera «contro il riarmo»; il 22 marzo contro le «leggi liberticide di De Gasperi»;

il 12 aprile «contro la politica di guerra»; il 26 maggio «contro la guerra di Corea» – scatenata dalla Corea del Nord comunista –; il 21 dicembre per la pace; e il 17 gennaio 1951 si sciopera contro la visita del generale Eisenhower, il comandante alleato che ha guidato la liberazione dell'Europa. Anche per questo, oltre che con la repressione, Valletta vincerà la sua battaglia contro la Cgil.

Eppure la popolarità di Peppino Di Vittorio è enorme. Uomo del Sud, in un'Italia che non ha ancora conosciuto le grandi migrazioni è adorato dagli operai piemontesi e lombardi. Un po' perché, come scrive il suo biografo Antonio Carioti, «quando parlava della miseria materiale e della fatica fisica, delle umiliazioni subite a opera dei padroni, dell'amarezza di sentirsi ignoranti, del dolore di non poter garantire ai propri figli dignitose condizioni di vita, il segretario della Cgil non faceva retorica pauperista; descriveva sofferenze che lui stesso aveva patito». Un po' perché Di Vittorio non è un retore strappacuore. Resterà per tutta la vita un autodidatta, convinto che un sindacalista e un politico si misurano dalle cose che sanno, e quindi occorre sia studiare sia andare nelle fabbriche; senza tacere mai il proprio punto di vista. Così alla Costituente è tra i pochi comunisti a rifiutarsi di votare l'inserimento nella Costituzione dei Patti Lateranensi.

Con Togliatti l'ultimo scontro è sull'Ungheria. Quando i carri armati sovietici invadono Budapest e schiacciano la rivolta degli operai e degli studenti, il Pci si schiera con Mosca. La Cgil, su istanza della componente socialista, condanna l'invasione, e Di Vittorio è d'accordo. Il 30 ottobre una drammatica seduta della direzione comunista si trasforma in un processo contro di lui, che l'anno prima ha avuto un infarto e non si è ancora ripreso del tutto. Il partito è compatto; solo il giovane Enrico Berlinguer ha qualche parola di comprensione. Di Vittorio si difende, ma soccombe alla dialettica e all'abilità manovriera di Togliatti. A un tratto si commuove, sotto lo sguardo irridente del segretario generale. È costretto a fare retromarcia, ma non rinuncia a far sentire una voce eterodossa.

Al congresso del Pci rivendica l'autonomia dei lavoratori e delle loro organizzazioni. È favorevole al Mercato comune europeo, di cui il Pci diffida. Il 3 novembre 1957 tiene un discorso a Lecco, in cui ricorda agli attivisti l'importanza del rappresentante sindacale di base, quello che lavora al fianco dei compagni e non dietro una scrivania; appena sceso dal palco, un altro infarto lo stronca.

Benigno Zaccagnini, futuro segretario dc, commenta: «Sono convinto che Di Vittorio sia in paradiso».

Aboubakar Soumahoro, amico di Soumayla Sacko, il leader dei braccianti ucciso in Calabria con una fucilata alla testa nella primavera del 2018, ha raccontato che nelle loro baracche di lamiera i sindacalisti neri studiano e raccontano la vita di Giuseppe Di Vittorio.

Giannini, l'umorista che fondò un partito

«Questo è il giornale dell'Uomo Qualunque stufo di tutti, il cui solo ardente desiderio è che nessuno gli rompa le scatole.» Così Guglielmo Giannini, commediografo, umorista, spirito inquieto e ribelle, presenta il suo nuovo settimanale. È il 7 dicembre 1944, al Nord ancora si combatte, ma lui pensa già a quando gli italiani si saranno stancati dei partiti e della politica. La vignetta della testata dice tutto: raffigura un omino strillante, schiacciato da un torchio governato da mani avide.

Il successo è imprevisto. Del primo numero Giannini stampa 25 mila copie e le vende tutte, del secondo 80 mila, del terzo 200 mila. È un giornale irriverente e divertente, ben fatto, accattivante. Non pretende di educare i lettori, ma di rasserenarli nella loro cattiva o incerta coscienza. Non fa apologia di fascismo, il giudizio degli italiani cui il regime ancora brucia sulla pelle è molto negativo, il revisionismo di là da venire: la guerra ha fatto male a tutti. Ma molti rifiutano un'assunzione collettiva di responsabilità. Non amano i fascisti, però detestano ancor di più gli antifascisti, «vociatori, scrivitori, sfruttatori, iettatori» come li definisce Giannini, che «ritornati alla vita pubblica con la vittoria militare anglo-americana, come le mosche tornano alla stalla sulle corna dei buoi, pretendono, come i fascisti, il diritto di fare un'epurazione, ossia il diritto di sopprimere gli upp (uomini politici professionali) loro concorrenti e chiunque altro sia di impaccio o fastidio».

L'Uomo Qualunque è insomma una delle molte espressioni, né la prima né l'ultima, della profonda diffidenza degli italiani verso la politica, verso lo Stato, verso l'idea che un uomo pubblico possa fare qualcosa nell'interesse di qualcuno che non sia se stesso. E come sempre questo disprezzo verso la politica trova conferme nella realtà, sia nei retaggi dello Stato fascista, sia nella corsa degli intellettuali in soccorso dei vincitori, con il passaggio abbastanza indecente dal conformismo nero a quello rosso.

Giannini si affida a formule semplificatorie e impossibili che però piacciono, tipo sostituire i politici con un ragioniere che amministri lo Stato e ogni anno sia rimpiazzato da altri ragionieri (anche se non arriva a proporre di estrarre i senatori a sorte, come farà Beppe Grillo). Scrive Bocca: «È uno di quei giornalisti di fiuto i quali possono sbagliare molto, ma che in qualche modo trovano aspetti toccanti di verità». Gli italiani scoprono un personaggio, «questo cinquantenne di humour napoletano, corporatura massiccia, capelli biondi, immancabile monocolo, che si incontra spesso sul Corso, dinanzi a Montecitorio, che parla, gesticola, protesta, fa scena». I comunisti gli danno involontariamente una mano: il commissario all'epurazione Ruggero Grieco lo denuncia, il prefetto di Roma gli sequestra il settimanale; la pubblicità è enorme, la tiratura arriva a 850 mila copie. E quando i lettori crescono, viene spesso voglia di trasformarli in elettori.

Nell'agosto 1945 Giannini lancia i «nuclei qualunquisti». Nel Sud ne nascono migliaia in pochi giorni. Per frenare la carica degli avventurieri, il capo acconsente malvolentieri a creare sezioni, tessere, funzionari. Imbarca generali, nazionalisti, monarchici, latifondisti e anche uomini di sinistra; ma al primo congresso si canta *Giovinezza*, per la perplessità di Giannini che sogna l'abbraccio con il partito liberale.

Le amministrative del 1946 sono trionfali: in molti capoluoghi del Sud l'Uomo Qualunque è il primo partito, a livello nazionale supera il 5 per cento anche se al Nord quasi non esiste. Ma Giannini ha due grandi nemici: la Democrazia cristiana, che lo considera un concorrente; e la Confindustria di Angelo Costa, che non può riconoscersi in un sentimento di ribellione indolente, di rabbia rassegnata che ancora non si usa chiamare decrescita felice.

È il tempo in cui i partiti nascono dai giornali, non dalla rete: dopo il settimanale, L'Uomo Qualunque ha anche un quotidiano, Il Buonsenso, cui le banche però negano i crediti. La Dc offre posti e prebende a chi è disposto ad abbandonare Giannini; altri si fanno comprare dai milioni di Lauro. Dei 30 deputati qualunquisti eletti alla Costituente, dopo pochi mesi ne sono rimasti la metà; e il 18 aprile De Gasperi spazza via il resto.

Il tramonto di Giannini è patetico. Vagheggia alleanze impossibili, progetta nuovi movimenti. È ancora un uomo arguto, fascinoso, un po' tutti gli offrono un seggio da indipendente, pure i comunisti, ma lui rifiuta, alla ricerca di una riscossa velleitaria. «Avevo contro di me la potenza personale dell'armatore italo-panamense Angelo Costa, nonché quella del suo collega minore Achille Lauro, armatore italo-napoletano» dirà prima di morire nel 1960, quattro giorni prima di compiere 69 anni. In un'Italia ottimista, vitale, piena di energia, non c'è spazio per un populismo consolatorio ma confuso e alla lunga sterile; destinato a inabissarsi come un fiume carsico, e a riemergere a ogni fallimento delle vecchie classi dirigenti.

Dieci

COSÌ RIDEVANO

Wanda Osiris e Totò, Macario e Sordi, Govi e Rascel: l'Italia ricomincia a divertirsi

Quando Wanda Osiris scende le scale, il suo profumo si sente fin nelle prime file del teatro. La Wandissima si chiama in realtà Anna Menzio. Non sa ballare, la voce è un po' roca, ma il pubblico la adora, anche per le ragazze seminude che le fanno da coreografia. Il modello è Joséphine Baker: lustrini, piume di struzzo, luci, fiori, e appunto scale da scendere e salire, tipo Trinità dei Monti. Accanto alla Osiris, un comico: un napoletano di inarrivabile talento, Totò; un piemontese con il ricciolo sulla fronte, Macario; il ligure Carlo Dapporto, che canta «È bello un sogno rosa, però, chérie, l'amore è un'altra cosa». Wanda ride a ogni battuta.

La rivista e la musica sono il piano Marshall del popolo: non solo dollari, ma arie e ritmi nuovi. Tutto è cominciato con la lenta risalita della penisola delle truppe americane, accompagnata da musiche mai sentite e balli mai visti, che riempivano le balere e i teatrini di provincia; e pazienza se non si capivano le parole. È impressionante la frenesia con cui si montano tendoni e balli a palchetto; la sera si tolgono i rigoli e si trasformano i bocciodromi in sala danze; aprono i caffè concerto, che sulle spiagge più ricercate si chiamano talora café-chantant.

Con le armi dei vincitori sono arrivati il fox trot, la samba e la beguine, versione della rumba originaria delle Antille, particolarmente esotica perché ai Caraibi nessuno è mai stato, né osa pensare di andarci. Si balla *Begin the Beguine*, gioco di parole cantato da Frank Sinatra su un vecchio pezzo di Cole Porter.

Nell'era predigitale e pretelevisiva, la modernità è la radio. Non esiste ancora il transistor, da portare attaccato alle orecchie o in auto; la radio è enorme, troneggia sulle credenze della cucina o – per chi ce l'ha – nel tinello, lontano dalle mani dei bambini: sono oggetti per adulti, che ben ne conoscono il valore; si regolano con le valvole, e si ascoltano tutti insieme, come un rito.

Nei salotti borghesi ci sono monumentali grammofoni, accanto al pianoforte: i dischi pesano, sono di vinile a 78 giri; lontano il boom dei 45 giri e dei giradischi portatili della Lesa di Milano, per non dire dei mangiadischi e delle musicassette. La domenica pomeriggio i ragazzi – giacca, cravatta e camicia bianca – e le ragazze – calze bianche al ginocchio, gonne scozzesi longuette – organizzano festicciole. In città, ovviamente; in campagna e nei paesi la festa è solo quella del santo patrono.

È un'Italia senza Festival di Sanremo, in cui però cantano tutti. Cantano le operaie per strada mentre vanno al lavoro, cantano le contadine durante la vendemmia. Ma non è un quadretto oleografico: le lavoranti sono invitate tutte a unirsi al coro, evitando così di mangiare l'uva del padrone.

Quando poi Sanremo comincia, le prime due edizioni sono dominate da Nilla Pizzi. Figlia di contadini bolognesi, cresciuta in una sartoria, durante la guerra ha cantato per le truppe. Ha lasciato il marito, che si chiama Pizzi come lei, per legarsi al maestro Cinico Angelini, il direttore dell'orchestra più acclamata. Nel 1951 Nilla vince Sanremo con *Grazie dei fior*, che venderà 36 mila dischi – un record – e arriva pure seconda con *La luna si veste d'argento*, cantata con Achille Togliani. Nel 1952 è addirittura prima, seconda e terza, con *Vola colomba*, *Papaveri e papere* e *Una donna prega*. Ma l'anno dopo è clamorosamente battuta da Flo Sandon's, in realtà Mammòla (con l'accento sulla «o») Sandon, che porta in coppia con Carla Boni un pezzo dallo stile più moderno, *Viale d'autunno*.

La Sandon's è già una diva: sua la voce con cui Silvana Mangano canta *Non dimenticar* nel film *Anna*. Suo marito è il pioniere dello swing, Natalino Otto, che si chiama in realtà Codognotto e ha lanciato *Mamma voglio anch'io la fidanzata*, la canzone più popolare tra i militari di leva. In un locale di Cremona, il maestro Otto e la Sandon's scopriranno una voce assolutamente unica, quella di Mina.

La tv ancora non esiste, e a lungo sarà un lusso per ricchi: i cantanti sono conosciuti attraverso le fotografie sui manifesti, mentre i canzonieri riportano musiche e testi. Di solito le parole sono caste, ma talora osano allusioni e sensualità: la censura si abbatte su *Tua*, cantata da Jula De Palma, la prima vocalist di impronta americana: «Tua, tra le braccia tue, solamente tua, così. Tua, sulla bocca tua finalmente mia, così...». Le mamme preferiscono Tonina Torrielli, la caramellaia di Novi Ligure, castigata nello stile e sano esempio di scalata sociale, che a Sanremo canta *Amami se vuoi*. E ha sempre un suo pubblico Alberto Rabagliati, l'autore di *Ba-ba-baciami piccina*, che è andato a Hollywood dopo aver vinto un concorso, «cercasi sosia di Rodolfo Valentino». Quando ha ricevuto il telegramma «you have been chosen», sei stato scelto, il padre commerciante di vini che lo voleva in bottega con sé ha dato fuori di matto: «Hollywood o minga Hollywood, ti te restet un stupid che el buta via un mestée sigur per cur adrée a di robb pussée stupid de ti». Ma la Fox gli ha spedito 24 vestiti, duecento cravatte e 48 paia di scarpe, per dimostrare a papà Rabagliati che buttare via un mestiere sicuro per correre dietro alle stupidaggini può portare fortuna.

Il dopoguerra è il tempo della rivista. Una forma di spettacolo che ora non esiste più, rimpiazzata dal varietà televisivo, destinato a sua volta a cedere ai reality e ai talent show. Già in voga negli ultimi anni del fascismo, rinasce dopo la guerra grazie a due ragazzoni alti entrambi un metro e 87, Pietro Garinei e Sandro Giovannini, cronisti sportivi con la passione del teatro.

Il centro del loro mondo è la farmacia della famiglia Garinei a piazza San Silvestro a Roma, accanto alle redazioni dei giornali. Mandato l'articolo, passano a bere un rabarbaro o una china Vittorio Gorresio, Leo Longanesi, Ennio Flaiano, Furio Scarpelli. Nasce così l'idea di un giornale satirico, Cantachiaro: il primo numero esce il giorno dopo la liberazione di Roma.

Lo nota un impresario di Formia, Remigio Paone, che commissiona a Garinei e Giovannini una rivista per Anna Magnani.

Il giudizio della grande irregolare è temutissimo. «Dov'è 'sto copione?» chiede lei. Poi si chiude in una stanza e ne esce entusiasta: «Mamma mia come me piace 'sta robba! Me fa venì la pelle d'oca, oggi c'è bisogno de robba forte». Talmente forte che la censura alleata la vieta. Il produttore ottiene una prova d'appello. È una storia raccontata da Lello Garinei, il figlio di Pietro: «Nella platea deserta del teatro Quattro Fontane tre alti ufficiali, un inglese, un francese e un americano, furono i primi spettatori della storia di G&G. La Magnani scese in platea e sparò in faccia ai tre militari gli stornelli incriminati. Loro non capirono molto, ma si resero conto che era difficile contrastare il fascino e lo slancio della Magnani; e il veto fu tolto».

Il successo è tale che Garinei e Giovannini scrivono la seconda parte, *Cantachiaro numero 2*, in cui debutta un giovane alto e magro, figlio di un ammiraglio che vorrebbe fare di lui un diplomatico: si chiama Raimondo Vianello, ma per non essere scoperto si fa chiamare Viani. Viene scritturato anche un trasteverino ventiquattrenne, figlio di un direttore d'orchestra, che da bambino ha cantato nel coro di voci bianche della Cappella Sistina, raro esempio di bel ragazzo che però fa naturalmente ridere: Alberto Sordi. La corriera in partenza per il Nord Italia è talmente sgangherata che si ferma già lungo la salita di via Quattro Fontane. Sordi ha in copione uno sketch vestito da balilla, in camicia nera: gli operai genovesi non colgono l'ironia e lo fischiano: «Fascista!». A Milano va anche peggio, il teatro

Olimpia è preso d'assalto, il sindaco Greppi fa scudo con il suo corpo, la Military Police lo porta via mentre grida: «Sono il primo cittadino!».

Le ragazze più belle, dal seno coperto solo da una stella d'argento, sono considerate le Bluebell di Erminio Macario, un comico piemontese, il che già pare un ossimoro. È un misto di candore e timidezza. Ha esordito recitando per i salesiani. L'ha scoperto Ettore Petrolini, che nel 1934 è andato a trovarlo in camerino e gli ha detto: «Perché metti la parrucca e il naso finto? Non ne hai bisogno. Con una faccia come la tua, con quell'aria che non sai se tonta o furbacchiona, fai ridere anche senza trucco». Così Macario si guarda allo specchio e costruisce la sua nuova maschera: un omino con gli occhi che ridono, un monello innocente, con due pomelli rossi sulle gote; ma siccome senza la parrucca si sente nudo, si lascia scendere i capelli sulla fronte; ed ecco il celebre ciuffo.

Come molti comici, fuori dal palcoscenico è serissimo. Tutti gli danno del lei, compresa la sua spalla Carlo Rizzo, tranne Eduardo e Peppino De Filippo, Nino Taranto, il giovane Ugo Tognazzi e l'unico vero amico che ha tra gli attori: Totò. Si conoscono dal 1927, quando Macario l'ha visto in un café-chantant di Milano imitare i colleghi, lui compreso, e ha rimproverato l'impresario: «A questo qui non dovete fargli fare Macario; lui deve fare Totò».

Il piemontese e il napoletano sono legati; anche perché entrambi sono cresciuti senza padre. Giuseppe De Curtis ha riconosciuto Antonio come figlio quando lui aveva già vent'anni. Giovanni Macario ha abbandonato il piccolo Erminio per andare a cercar fortuna in America: non ha più dato notizie, finché è stato trovato morto a Buenos Aires. Quando Macario sfonda al botteghino con *Come persi la guerra*, investe il cachet – un milione – nella compagnia di Totò. In comune hanno anche l'abitudine di scrivere nel proprio dialetto, per poi tradurre in italiano.

Negli anni Sessanta, quando Totò è ormai quasi cieco, Macario lo affianca sul set per dirigerlo. È una storia che ha raccontato Alberto Macario, il figlio, a Carlo Vulpio: «Papà tornava a casa entusiasta: "Abbiamo inventato battute a ripetizione. Sul copione, come quelle, non ce n'era neanche mezza" diceva. Ma poi diventava subito triste e aggiungeva: "Totò ormai mi vede solo come un'ombra". Papà gli suggeriva come muoversi, da che parte girare la testa e lo sguardo: "Più su, più a sinistra, ora voltati" gli sussurrava, e Totò era bravissimo. Infatti nessuno si è mai accorto di nulla. E alla fine di ogni giornata di riprese, Totò abbracciava l'amico: "Maca', pure oggi 'sta schifezza è finita"».

Anche Gilberto Govi sapeva fare del proprio volto una maschera. Aveva studiato all'Accademia di Belle Arti, era stato assunto come disegnatore alle Officine elettriche genovesi. La sua strada era il palcoscenico, ma qualcosa dell'antica arte era rimasta: «Riusciva da solo in mezz'ora a cambiarsi completamente i connotati» ha scritto Mitì Vigliero Lami. «Vari colori di cerone, matite grasse; manovrava con i pollici, spalmava, tirava, sfumava; ed ecco venir fuori gli zigomi, spuntare il mento, sparire la gola. Interpretando alcuni personaggi riusciva addirittura ad accorciare il suo corpo: al momento degli applausi finali si tirava su e si allungava di 15 centimetri. Ma soprattutto erano gli occhi la sua grande forza espressiva: non li truccava mai, li lasciava liberi di muoversi, ammiccare, luccicare; come se avesse avuto una lampadina dentro».

La sua capacità di improvvisare è leggendaria. Una sera, anziché «facciamo un patto», dice «facciamo un tappo»; poi improvvisa un gioco di parole tra patto e tappo che dura mezz'ora, finché il suggeritore esasperato se ne va gettando per aria il copione, e il pubblico si alza in piedi ad applaudire. Figurarsi quando uno dei suoi attori confonde il *ballìn*, il boccino, con il *belìn*.

Govi fa anche cinema, nel 1947 gira *Che tempi!* con Sordi, Paolo Stoppa e un altro giovane di sicuro avvenire, Walter Chiari. Ma resta uomo di teatro: l'eroe eponimo di Genova. Rompe con l'Accademia filodrammatica del Teatro Nazionale, dove si è formato, perché gli impongono di scegliere tra l'italiano e il dialetto: per fortuna sceglie il dialetto, e come i veri grandi riesce a fare del genovese una lingua universale, capita e apprezzata nei teatri di tutta Europa. La Rai neonata trasmette le sue commedie, e per quanto in tv il teatro di solito non funzioni il successo è immediato.

A differenza dei colleghi, che hanno vite sentimentali complicate e spesso infelici – Totò resterà per tutta la vita segnato dal suicidio della sua donna, Liliana Castagnola –, Govi sposa una delle sue attrici, Caterina Franchi, in arte Rina Gaioni, e starà con lei per 49 anni. È imprenditore di se stesso: va a teatro come in ufficio, lo chiamano Commendatore, gli danno del voi. La compagnia funziona come una cooperativa, i guadagni si dividono tra attori e tecnici. Gilberto ama gli animali, ha la casa piena di cani randagi, e siccome al cinema ha visto *Totò nella fossa dei leoni* non esita, per uno spettacolo di beneficenza, a entrare nella gabbia delle belve del Circo Togni; e al giornalista che gli chiede se è la prima volta, risponde secco: «No, è l'ultima».

Negli ultimi giorni dell'aprile 1945, un camion a carbonella parte da Milano verso Napoli. A bordo, protetti da un telo, in bilico su sedili smontati da un cinematografo, Gorni Kramer, Franco Cerri, Luciano Tajoli e il Quartetto Cetra: un pezzo della storia della musica italiana. A Napoli li attendono gli americani dello Special Service: li hanno scritturati per ascoltare jazz. Ma il camion va in panne alle porte di Piacenza. Gli artisti arrivano in città in autostop. È un viaggio da tregenda, su ponti semidistrutti, strade da avventura. A Bologna improvvisano il primo spettacolo, per pagarsi la cena.

Il Quartetto Cetra è stato il gruppo più longevo d'Italia, costituito nel 1941 e mai sciolto, se non dalla morte: sono Tata Giacobetti, Felice Chiusano, il maestro Virgilio Savona e Lucia Mannucci, «la Cia», scoperta prima della guerra da Rabagliati. Hanno lavorato con Wanda Osiris e con Italo Calvino, con il Trio Lescano e con Giorgio Gaber, imitato i versi degli animali della vecchia fattoria e musicato canti di protesta, rappresentato il disimpegno e l'impegno, sempre in bilico tra avanspettacolo e cultura. Una vita di pensioni familiari e recensioni sul New York Times, di valigie dell'attore, ballerine dalle gambe infinite, capocomici, impresari, tournée nella Cuba di Batista a spese di un mafioso, Capodanni di periferia. Copiavano i musicisti neri proibiti dal regime. Li ha copiati Frank Sinatra.

La storia comincia e finisce a Milano. Le nozze tra Lucia e Virgilio si celebrano il 19 agosto 1944 tra le macerie della chiesa di San Carlo al Corso. Lei viene dall'Accademia d'arte drammatica, dai corsi di educazione della voce di Silvio D'Amico, allievi Vittorio Gassman, Nino Manfredi, Bice Valori, Paolo Panelli. Lui ha conosciuto Tata Giacobetti giocando a biliardo al bar Adua di viale Angelico. Durante la guerra tocca suonare canzoni patriottiche: *Banzai giapponesina, banzai bella bambina* e *Caro papà*, la storia di un bambino che scrive al padre al fronte, vinci e torna presto. Quando Lucia resta incinta, Virgilio e gli altri vanno a farle la serenata sotto il balcone, batteria e fisarmonica caricati su un carretto: «Solo me ne vo per la città...».

Una domenica Tata trova su una bancarella di Porta Portese un disco di Nat King Cole ripreso da un canto popolare irlandese, *Old McDonald had a farm*: la vecchia fattoria, con i versi degli animali e tutto. Dopo la riscoperta del Quartetto Cetra, lo canteranno Ella Fitzgerald e appunto Sinatra, che imita la loro versione, salendo di mezzo tono a ogni strofetta.

L'Italia del dopoguerra ha una gran voglia di ascoltare musica e di sorridere: il Quartetto garantisce entrambe le cose. Scenette. Vaudeville. Sketch. Duelli combattuti con il dito al posto delle spade, Sandokan e la perla di Labuan in versione domestica. Una tournée con la Wandissima, Gianni Agus, Sordi e le Bluebell. Albertone seduce una ballerina, che secondo le rigide regole interne viene licenziata. Ma lui le compra un vestito bellissimo e la porta con sé in platea, come spettatrice, in prima fila; i fotografi sono tutti per lei, che consuma la sua rivincita.

Il Quartetto approda in tv. «Buone vacanze», «Giardino d'inverno», «Studio uno». L'idea è di musicare i grandi romanzi dell'Ottocento. O di gettare in burla il teatro No. Ancora il Giappone: ci si urla a vicenda «kyoto!» e «suzuki!» come fossero insulti. Nel 1957 si parte per Cuba. In nave, via New York e Key West. L'impresario è un gangster italoamericano, Santo Trafficante. Case da gioco, bordelli e i primi supermercati mai visti.

La politica arriverà solo con il Sessantotto, attraverso il figlio di Lucia e Virgilio, Carlo: picchiato prima dagli operai dell'Alfa che diffidano degli studenti, poi dai questurini. Il padre comincia ad andare alle manifestazioni, con la macchina fotografica e l'eskimo, e a incidere le canzoni impegnate: *La Zolfara*, *Per i morti di Reggio Emilia*; un testo di Calvino, *Dove vola l'avvoltoio*; un disco con Gaber, *Sexus et politica*, tratto dai versi di Ovidio e Giovenale. Insomma, metà del Quartetto Cetra diventa quasi comunista. Però Tata, liberale, e Felice, democristiano, resistono; al massimo accettano di dedicare una canzone ad Angela Davis. Tata è anche fermato dai fascisti in piazza San Babila: «Ma voi non eravate quelli di zio Tobia? Cosa vi è preso?».

Pure Renato Rascel da bambino ha cantato nel coro di voci bianche della Sistina. Poi ha imparato a ballare il tip-tap, e si è guadagnato da vivere in un circo, pulendo le gabbie degli animali e tendendo la corda dei trapezisti. Il suo vero cognome è Ranucci; Rascel l'ha preso da una marca di fard; il regime l'ha costretto ad aggiungere una e, ed è diventato Renato Rascele. L'hanno scoperto i fratelli Schwarz, austriaci che calano in Italia con sessanta ballerine biondissime: una sposerà Enrico Mattei, un'altra Mario Pannunzio, sofisticato intellettuale; Renato interpreta «Sigismondo, il più elegante e il più giocondo di quanti al mondo fanno il nobile mestier di seduttori, rubacuori e gabbamondo». Poi diventa più semplicemente «Renatin, cantante tipico argentin».

È un talento vero: quando nel 1952 porta al cinema *Il cappotto* di Gogol', lo elogia pure Charlie Chaplin. Però ha un carattere impossibile: in tv maledice un giornalista che l'ha criticato; ma quando quello finisce davvero in clinica, si precipita al suo capezzale. Sposa una soubrette, Tina De Mola, con cui litiga furiosamente; poi si mette con un'attrice, Giuditta Saltarini. Un giorno che non si trova più Paola Borboni sbotta: «Dov'è quella vecchiaccia?». E lei, prontissima: «Signor Rascel, ha ragione, ma sono stata anche giovane e bella; lei, alto, non è stato mai». Per rivincita interpreta un altro piccoletto volitivo, Napoleone, e con autoironia indossa i panni del corazziere.

La sua partner più famosa in scena è Delia Scala, che si chiama in realtà Odette Bedogni, ex ballerina classica, fidanzata con il bellissimo Eugenio Castellotti, pilota di Formula 1. Quando lui muore a Modena provando la nuova Ferrari, i giornali titolano a tutta pagina: si è schiantato perché stanco dopo un viaggio notturno da Firenze, dove ballava Delia?

Il momento d'oro della rivista è quando Garinei & Giovannini incontrano Wanda Osiris. Lei è una star dai tempi del fascismo: un giorno pure il Duce sul lungomare di Riccione l'ha salutata dal finestrino dell'auto – «ciao Wandissima!» – anche se poi il regime l'ha costretta a togliersi la «s» finale.

Si ricomincia subito alla grande nel 1946, al Lirico di Milano: per *Si stava meglio domani* viene allestita una gigantesca scala bianca, persa in un cielo artificiale; la Osiris è accolta da 46 secondi di applausi. Lei arriva a interpretare se stessa: recita la parte di una moglie affetta da «osirite» acuta, che mentre la casa brucia scende le scale ancheggiando e cantando «Ti parlerò d'amor...». Ma la parte comica è debole: Garinei e Giovannini decidono di ingaggiare Totò. Partono per Capri, dove lui è in vacanza, e chiedono ai bagnanti dove possono trovarlo. Totò si accorge che due signori altissimi in doppiopetto lo stanno cercando, pensa siano questurini e si dà alla fuga.

Nel 1947 debutta *Domani è sempre domenica*: costa 48 milioni ma ne incassa quasi due a sera; la Wandissima esce da una gigantesca conchiglia, tipo Afrodite. Nel 1948 lo spettacolo si chiama *Al Grand Hotel* e dura quasi cinque ore. La Osiris entra in scena alla fine del primo tempo. La scala è di 25 gradini, che lei scende lentissimamente, per godersi l'applauso del pubblico: 57 secondi. Ma il record è dell'anno dopo: oltre un minuto di applausi, mentre la divina si cala da un cielo pieno di stelle, trattenuta da due grandi mani guantate.

Accanto alla Osiris esordiscono Gino Bramieri, Alberto Lionello, Nino Manfredi. Ma il suo partner ideale è Carlo Dapporto. «Ero di famiglia malestante» è la battuta con cui si presenta, imitando Stanlio & Ollio in coppia con Carlo Campanini. «Oggi mi sento milionario perché ho il cuore in paradiso» canta Dapporto. «Erano ancora gli anni nei quali le parole cuore, milioni e paradiso identificavano un mondo di valori» annota monsignor Massimo Camisasca, vescovo di Reggio Emilia, che nel suo libro di ricordi *I luoghi dell'inizio*, scritto con il fratello gemello Franco, ci ha lasciato un inatteso affresco del tempo.

Wanda Osiris, del resto, è molto religiosa. Suo padre era palafreniere del re: ha assistito all'assassinio di Umberto I; a Roma abita in via della Dataria, accanto al Quirinale. Vuole una figlia impiegata e le trova un posto nella compagnia d'assicurazione L'abeille, «l'ape»; lei non ne vuole sapere, va a bussare al camerino di Totò e ottiene un provino; lo supera anche se canta con le gambe tremanti per la paura.

Alla vigilia della prima, la Wandissima scompare. Con la cameriera e l'autista corre alla stazione a prendere il vagone letto per Roma. Qui iniziano i riti: è convinta che se non li ripeterà ogni volta lo spettacolo andrà male. La prima tappa è al Verano, sulla tomba del fratello Amedeo, alla cui memoria è devotissima: un atto d'amore con fiori, ceri, preghiere. Poi altro vagone letto per Milano e rito mattutino al santuario di Santa Rita, alla Barona, in periferia. Infine benedizione con l'acqua santa nella chiesa di San Bernardino, affidando al parroco oboli per i poveri e celebrazioni di messe cantate.

La Osiris inventa uno stile, oggi si direbbe un look. Si cosparge dalla testa ai piedi di una crema color ocra che fa arrivare da Parigi, che contrasta con l'abito scintillante e la cappa d'ermellino lunga fino a terra. Quando scende le scale all'ultima scena, cantando

Sentimental, con i boys a farle ala e le ballerine ad aspettarla, gli spettatori si precipitano a bordo palco (un po' come oggi ai concerti, con il telefonino in mano), scandendo il suo nome. Lei alza le braccia e volge gli occhi al cielo; i boys le porgono un mazzo di rose, spruzzate con lo stesso profumo, l'*Arpège*, di cui sono imbevuti i vestiti, e la Wandissima le offre ai fan. Le rose le paga di tasca propria, e se nei teatri di provincia scarseggiano i boys, ne ingaggia a sue spese.

Paone, il produttore, la riempie di attenzioni: ogni anno noleggia un treno-letto per portare giornalisti e donne di mondo sul mare di Formia, dove si presenta la nuova rivista. Da Milano arrivano le prelibatezze del Savini, di Cova e del Sant'Ambroeus, camerieri compresi. Niente viene risparmiato, tanto meno i fuochi d'artificio.

Undici

LA GRANDE POLVERIERA

Il mondo nel 1948

Nel 1948 la Terra non era un posto migliore di oggi. Anzi, era infinitamente più povera e affamata, percorsa da scontri sanguinosi e da rischi terribili.

Dopo lo choc di Hiroshima e Nagasaki, la corsa atomica era proseguita. Da un anno si combatteva la guerra fredda, che non sarebbe mai diventata una guerra nucleare: allora però i nostri padri non lo sapevano, e seguivano le conquiste dell'Unione Sovietica con una certa apprensione.

In Cina i comunisti vincevano le battaglie decisive della feroce guerra civile, che l'anno dopo avrebbe visto il trionfo finale di Mao Tse-tung.

La Germania non c'era più, o meglio non c'era ancora: la Repubblica federale tedesca, insomma la Germania Ovest, sarebbe nata solo l'anno dopo; Berlino era divisa in quattro, e i sovietici tentavano di affamare i quartieri controllati da francesi, inglesi e americani, che rifornivano la città con un ponte aereo.

Uscivano di scena, almeno all'apparenza, i vincitori della guerra mondiale: la Francia aveva mandato in pensione De Gaulle, l'Inghilterra Churchill; ma entrambi erano destinati a tornare.

Nella Spagna di Franco si moriva letteralmente di fame, in particolare se durante la guerra civile si era stati dalla parte dei vinti.

Su tutta l'Europa dell'Est scendeva la notte comunista; soltanto in Iugoslavia Tito si ritagliava margini di autonomia da Stalin, tenendo insieme un Paese provvisorio, destinato a implodere con l'ultima guerra europea del Novecento.

L'America Latina era governata dai caudillos: il più celebre era il generale Juan Domingo Perón, che aveva sposato una donna forte, Evita, cui restavano solo tre anni da vivere.

L'Africa era ancora una colonia europea, e i Paesi che chiedevano l'indipendenza, dall'Algeria francese al Congo belga, preparavano una ribellione lunga e dolorosa.

Negli Stati Uniti il lungo regno dei democratici pareva vicino alla fine: il presidente Truman era nettamente sfavorito dai sondaggi, che prevedevano unanimi l'elezione del repubblicano Dewey.

In un mondo incerto e inquieto avvenivano comunque cose straordinarie e terribili, dal Medio Oriente all'India, dalle rive del Giordano a quelle del Gange.

La prima notte di Israele

Quando la radio annunciò che l'assemblea Onu a New York aveva accolto la proposta di uno Stato per gli ebrei (33 sì, 13 no, 10 astenuti), nel minuscolo quartiere di Gerusalemme in cui abitava un ragazzino di 11 anni, Amos Klausner, «scoppiò un primo urlo tremendo che lacerò le case, il buio e gli alberi, un urlo che si lancinò da solo, un urlo non di gioia, nulla a che vedere con il grido dei tifosi. Non assomigliava a nessun furor di popolo; piuttosto una specie di esclamazione di orrore e sconcerto, un grido da cataclisma che spaccava le pietre, raggelava il sangue».

Anni dopo, cambiatosi il cognome in Oz per polemica con il padre, quel ragazzino avrebbe raccontato la scena in *Una storia d'amore e di tenebra*, che Corrado Augias ha giustamente definito uno dei capolavori letterari del Novecento.

Era il 29 novembre 1947. La risoluzione Onu prevedeva che il futuro Stato di Israele avrebbe occupato il 55 per cento della Palestina, con una popolazione ebraica di 500 mila persone più 400 mila arabi; altri 100 mila ebrei vivevano tra Gerusalemme e Betlemme, proclamate zona internazionale. Per l'approvazione era richiesta una maggioranza di due terzi. Anche l'Unione Sovietica e i suoi satelliti votarono sì; il resto lo fecero gli americani. Scrive Benny Morris in *Vittime* (Rizzoli), il libro definitivo sulla lunga guerra in Medio Oriente, che «il lobbismo sionista fu duro ed efficace, come l'opera di "convincimento" che gli americani condussero con una dozzina di piccoli Stati». La Grecia, che aveva annunciato il voto contrario, fu minacciata di venire esclusa dal piano Marshall; alla Liberia venne paventato l'embargo sulla gomma. Contrari furono i Paesi musulmani: non capivano perché «quasi metà degli arabi palestinesi – la popolazione autoctona, che abitava quella terra da secoli – diventasse dalla sera alla mattina una minoranza soggetta a un potere straniero»; non capivano insomma perché «si facesse pagare a loro il conto dell'Olocausto».

Per gli ebrei non era solo un risarcimento storico, ma l'avveramento di due millenni di preghiere. Perseguitati e calunniati in ogni angolo del mondo, per secoli si erano incontrati di nascosto, nei ghetti dell'Europa orientale, nei quartieri murati e sorvegliati delle città arabe, promettendosi l'un l'altro: «Il prossimo anno a Gerusalemme». Ora il momento era arrivato. I giovani danzarono di gioia tutta la notte attorno ai falò; ma dall'altro lato della strada gli arabi sprofondavano nel buio e nella rabbia. A Gerusalemme una giovane dirigente politica, Golda Myerson, detta Golda Meir, arringò la folla: «Ora che il momento del riscatto è giunto, è così grande e meraviglioso che non ci sono parole per descriverlo. Ebrei, *mazel tov*, buona fortuna!». L'unico a restare in disparte, come De Gasperi dopo il 18 aprile, era il leader, David Ben Gurion: «Non potei ballare né cantare quella notte. Guardavo gli altri che danzavano per la felicità, e non riuscivo a non pensare che la guerra era già lì ad aspettarli».

La guerra comincia il mattino dopo. Un gruppo di palestinesi attacca un autobus e uccide sette ebrei. Il 2 dicembre una folla di arabi armata di bastoni e coltelli entra dalle porte della Città Vecchia di Gerusalemme e scatena un pogrom: vetrine infrante, case bruciate, decine di feriti; i poliziotti inglesi lasciano fare.

Il rapporto di forza è impari. Gli arabi sono più del doppio. Attorno hanno popoli fratelli, o almeno considerati tali, che possono rifornirli e se necessario intervenire. Lo Stato maggiore inglese conclude: «Gli ebrei non possono tener testa al nemico e saranno espulsi dalla Palestina, se non accetteranno un compromesso».

Ma gli israeliani non sono inermi. Possono schierare 30 mila uomini, protetti alle spalle da 40 mila riservisti. Le comunicazioni sono buone, gli insediamenti ben difesi, le strutture di comando efficienti. L'esercito clandestino che ha combattuto gli occupanti inglesi, l'Haganah, produce mortai, mitragliatori, bombe, munizioni; è stata anche costituita una forza aerea: velivoli civili su cui si sono montate le mitragliatrici.

Dall'altra parte non c'è un esercito; ci sono bande, divise da rivalità familiari. Il clan degli Husayni, guidato da Abd al-Qadir, non ha accettato la nomina a comandante di Fazwi al-Qawuqji, reduce dalla Germania nazista, dove ha condotto trasmissioni radio di propaganda per il mondo arabo.

Si fronteggiano, come scrive Morris, «una società molto motivata, con un alto grado d'istruzione, ben organizzata e semindustriale, e una società arretrata, in larga misura analfabeta, poco organizzata e tipicamente contadina». Gli arabi hanno alle spalle secoli di dominio ottomano, che ha lasciato corruzione e rassegnazione, non senso di indipendenza e spirito nazionale. Gli ebrei sono scampati allo sterminio nazista, e sanno che una sconfitta militare porterebbe altre stragi. Combattono per la patria e per la vita.

Dal dicembre 1947 al marzo 1948 gli arabi attaccano, l'Haganah è sulla difensiva. Sono mesi durissimi, da entrambe le parti. Gruppi di guerriglieri arrivano di notte e attaccano civili inermi, radono al suolo le case, massacrano tutti quelli che incontrano, e se ne vanno. Gruppi paramilitari, l'Irgun e lo Stern, fanno strage di arabi. Praticano la legge del taglione, fin da quando nel 1947 hanno sequestrato due ufficiali britannici e li hanno fustigati sulle natiche, come gli inglesi facevano con i ribelli ebrei: quelle foto saranno un affronto al prestigio dell'impero. Dieci donne sono violentate dagli arabi a Deir Yassin; soldati dell'Irgun e dello Stern accerchiano il villaggio, riuniscono gli uomini in piazza, li falciano con le mitragliatrici, verificano che non ne sia rimasto vivo neppure uno; poi minano le case e le fanno saltare.

La brigata di un giovane e ambizioso comandante, Yitzhak Rabin, perde 400 uomini su 1200. Ha raccontato uno dei superstiti, lo scrittore Yoram Kaniuk: «La sera uscivamo in perlustrazione. Vedevamo i nostri compagni morti con le membra tagliate, il pene infilato in bocca. Li spogliavamo dei loro abiti per indossarli. Gli arabi non avevano pietà di noi, né noi di loro». Rabin e i suoi liberano il villaggio di Ramle. Di notte vengono svegliati da «un rumore tremendo. Uscimmo. Un migliaio di uomini, forse di più, arrivò a bordo di camion. Tagliarono il filo spinato che circondava la città e passarono davanti agli arabi piangenti accanto ai reticolati». Erano ebrei reduci dai campi di concentramento. «Balzarono giù dai camion come lupi affamati. Non avevano mai sentito parlare di Ramle, ma entrarono subito nelle case. Per la prima volta dopo anni tornarono a dormire tra le lenzuola. Sebbene non sapessero pronunciare il nome della città, ne diventarono i padroni. Erano colmi di rancore, un branco di sciacalli discesi dai monti delle tenebre. Gente uscita dall'inferno per riprendere un posto nella storia». Contro gente così, gli arabi non potevano vincere.

Nella primavera del 1948 l'Haganah scatena il contrattacco. La priorità è aiutare gli ebrei asserragliati a Gerusalemme. Una brigata di 1500 uomini mette in fuga la banda di irregolari che la assedia, ed entra nella parte ebraica della Città Vecchia, seguita da 25 camion carichi di rifornimenti. I contrassalti vengono respinti, ma si sparge la voce di una grande vittoria araba: Abd al-Qadir al-Husayni va sul posto a controllare, e viene freddato da una sentinella. Il colpo per il morale dei palestinesi è durissimo.

Il 14 maggio, mentre gli ultimi reparti inglesi prendono il mare, Ben Gurion proclama la nascita della nuova nazione. Il discorso, al Museo di Tel Aviv, dura 32 minuti. Il capo conclude: «È sorto in Palestina uno Stato ebraico che ha per nome Israel. La riunione è chiusa». Nel suo diario annota: «Ovunque si festeggia, la gioia è profonda; e ancora una volta io sono triste tra tanta gente allegra».

Comincia un'altra guerra, contro gli eserciti degli Stati arabi. Egitto, Siria, Giordania, Libano, pure l'Iraq e l'Arabia Saudita vorrebbero ricacciare gli ebrei a mare; sconfitti, si accontenteranno di spolpare i territori palestinesi. La loro responsabilità nel dramma dei «fratelli» è enorme: prima li hanno incoraggiati a lasciare le loro case, con la promessa di un facile ritorno; poi si sono impossessati della loro terra. L'Egitto si annette la striscia di Gaza, la Giordania si prende la parte araba di Gerusalemme e la sponda occidentale del fiume; dovrà cederle a Israele nel 1967, con la guerra dei Sei Giorni.

L'Onu invia un mediatore, il conte Folke Bernadotte, presidente della Croce Rossa svedese: un commando dello Stern lo affronta in pieno giorno, nel centro di Gerusalemme, e lo abbatte. Ben Gurion condanna e coglie l'occasione per decapitare i terroristi del proprio campo.

Ma la pace non verrà. Troppo odio è stato seminato. Lo intuisce uno dei più brillanti capi militari israeliani,

Moshe Dayan, celebre per la benda nera sull'occhio sinistro, perso in combattimento. Nel 1956, commemorando un compagno ucciso, Roy Rotenberg, invita a comprendere gli arabi «che ci odiano»: «Non biasimiamo chi ha ammazzato Roy. Da otto anni ormai stanno seduti nei campi di Gaza, a guardare come abbiamo trasformato le loro case nella nostra casa, le terre dove hanno vissuto i loro padri nella nostra terra». Eppure Israele non può abbassare le armi: «Senza l'elmetto d'acciaio e la bocca del fucile, non potremmo piantare un albero o costruire un muro. Questa è la nostra scelta: essere pronti e armati, duri e tenaci; altrimenti la spada ci cadrà dalle mani, e le nostre vite saranno troncate».

La profezia di Dayan si avvererà. Israele è atteso da altre guerre; e quando si combatte una guerra, nessuno è innocente. Rabin stringerà la mano ad Arafat e concluderà un accordo che non riuscirà a realizzare: sarà assassinato. Non da un fanatico musulmano; da un estremista israeliano, Yigal Amir. È come se il diavolo tenesse sott'occhio quella che l'uomo ha chiamato Terra Santa, per tenervi lontana la pace: così quando l'ex falco Ariel Sharon imporrà ai coloni ebrei il ritiro da Gaza, compiendo un passo importante verso i palestinesi, poco dopo cadrà in coma, cedendo il governo a un uomo deciso a non concedere nulla, Benjamin Netanyahu. Più che mai Israele resta condannato a portare il proprio nome: «Colui che lotta con Dio».

Dall'altra parte, i palestinesi si sono divisi: Gaza è in mano agli estremisti di Hamas; in Cisgiordania la leadership di Abu Mazen è debole. L'Iran vuole darsi la bomba atomica per usarla contro gli ebrei. Nel settantesimo anniversario di Israele, Trump ha portato l'ambasciata americana a Gerusalemme, scatenando le proteste arabe, soffocate nel sangue: una scelta coraggiosa? O il gesto propagandistico di un falso amico?

Di sicuro, Israele resta l'unica vera democrazia della regione. Ha ravvivato una lingua morta, l'ebraico. I suoi cittadini vengono da 102 Paesi diversi. I giornali sono irriverenti verso il potere. La giustizia è libera, al punto da mandare in carcere un ex capo dello Stato. La ricerca scientifica sul Parkinson e sull'Alzheimer è all'avanguardia nel mondo. Nella Corte suprema siede un giudice arabo, e la presidente, Esther Hayut, è una donna. Accanto a Oz sono cresciuti due grandi scrittori, Abraham Yehoshua e David Grossman.

Uri Grossman, suo figlio, è morto nell'invasione israeliana del Libano, nell'agosto 2006. Il padre ha tenuto una memorabile orazione funebre, raccontando la vita familiare, la scelta del giovane di diventare comandante di tank, il modo in cui tranquillizzava i bambini arabi quando fermava una macchina, giocando con loro come faceva con la sorellina Ruti. E ha concluso: «Uri era un ragazzo molto israeliano. Anche il suo nome è molto israeliano, ebreo. Uri era il compendio dell'israelianità come io la vorrei vedere. Un'israelianità ormai quasi dimenticata. Spesso considerata alla stregua di una curiosità. Talvolta, guardandolo, pensavo che fosse un ragazzo un po' anacronistico. Lui, suo fratello Jonathan e Ruti. Bambini degli anni Cinquanta. Uri, con la sua totale onestà e il suo assumersi la responsabilità per tutto quello che gli succedeva intorno. Uri sempre in prima fila, su cui poter contare. Uri con la sua profonda sensibilità verso ogni sofferenza, ogni torto. E capace di compassione. Una parola che mi faceva pensare a lui ogni qualvolta mi veniva in mente.

«Era un ragazzo con dei valori, parola molto logorata e schernita negli ultimi anni. Nel nostro mondo a pezzi, crudele, cinico, non è "tosto" avere dei valori. O essere umani. O sensibili al malessere del prossimo, anche se quel prossimo è il tuo nemico sul campo di battaglia. Ma io ho imparato da Uri che dobbiamo difendere noi stessi e la nostra anima. Insistere a preservarla dalla tentazione della forza e da pensieri semplicistici, dalla deturpazione del cinismo, dalla volgarità del cuore e dal disprezzo degli altri, che sono la vera, grande maledizione di chi vive in una area di tragedia come la nostra.»

Poi Grossman ha pubblicato un romanzo, *Caduto fuori dal tempo*, in cui ha quasi chiesto scusa al figlio, con toni frantumati che sembrano presi da Ungaretti:

È solo che il cuore
mi si spezza,
tesoro mio,
al pensiero
che io
abbia potuto
trovare
per tutto questo
parole.

Morte della Grande Anima

Anche in un'altra parte del mondo, da cui l'Inghilterra si ritirava, due popoli si dividevano in modo sanguinoso. Ma non era una piccola terra arida e contesa;

era un subcontinente sterminato, brulicante di religioni e di dei.

L'India era stata divisa in tre da un inglese, sir Cyril Radcliffe, che vi era appena arrivato. Una gente eternamente legata dal nome del fiume Indo si trovava ora separata in diversi Stati: il West Pakistan, l'East Pakistan, poi divenuto indipendente con il nome di Bangladesh, e appunto l'India, che era in realtà un mosaico di principati spesso in lotta tra loro.

Il frutto insanguinato della Partizione fu il più grande esodo della storia: 14 milioni di persone si misero in viaggio, mentre ovunque scoppiavano scontri tra indù e musulmani, due comunità che fino ad allora avevano vissuto fianco a fianco. Mesi di guerra civile lasciarono sul campo un milione di morti: uccisi non da eserciti o da bombardamenti, ma in imboscate e razzie, talora all'arma bianca o a mani nude. In un Paese dall'accesa spiritualità l'uomo rivelava la nera profondità del suo animo.

Ha scritto Pratishtha Singh, una grande donna che insegna letteratura italiana all'università di Delhi: «Da noi si dice che quando i fratelli litigano tra loro, le battaglie sono sempre più dure. Il prezzo di quella linea sottile ma tagliente lo stiamo pagando ancora oggi, da entrambe le parti. Noi combattiamo battaglie infinite per ciò che abbiamo fatto al momento della Partizione, provocati da un'onda di odio confuso e accecante. Ancora adesso, solo a nominare la Partizione, migliaia di indù, musulmani, punjabi si ritrovano con gli occhi lucidi, pensando a ciò che hanno perso: case, parenti, amicizie, identità, dignità. La Partizione è cominciata prima della nostra nascita e continuerà dopo la nostra morte. Come il tempo, non passa. Passiamo noi, miseri esseri umani, che presi da un egoismo innato diciamo che il tempo passa. Non passa il tempo; né la Partizione».

Contro i massacri si levò la voce più autorevole che il mondo intero potesse sentire. Mohandas Gandhi, il Mahatma, la Grande Anima, detto anche Bapu, «Papà», era stato l'artefice dell'indipendenza indiana. Avvocato in Sud Africa, sbattuto giù da un treno per il colore della sua pelle con un biglietto di prima classe stretto nel pugno, aveva combattuto gli inglesi senza mai imbracciare un'arma. Aveva boicottato l'industria britannica invitando gli indiani a tessere i propri abiti con l'arcolaio, ed era andato a Manchester e Liverpool a incontrare gli operai che per causa sua rischiavano il posto. Aveva liberato un popolo senza spargere sangue, anzi facendosi forte del sangue indiano versato dai colonialisti.

Il primo ministro, Jawaharlal Nehru, era un suo discepolo. Ma altri indù lo consideravano un traditore, perché predicava l'amore per i musulmani e difendeva il diritto di tutti e di ciascuno a praticare la propria religione.

India e Pakistan si combattevano per il Kashmir, il paradiso sulle montagne che il maharaja Hari Singh aveva tentato di mantenere indipendente e neutrale. Attaccato dai pachistani, il sovrano chiese aiuto a Nehru, che mandò le truppe a sostenerlo. Per rappresaglia, l'India rifiutò di versare al Pakistan la parte pattuita del tesoro di Stato, 550 milioni di rupie: non poteva rafforzare un Paese con cui era in guerra.

Ma Gandhi lo considerò un tradimento del patto per l'indipendenza. Il 13 gennaio 1948 proclamò lo sciopero della fame: avrebbe digiunato fino a quando l'India non avesse pagato il suo debito con il Pakistan, perché «i nostri fratelli hanno bisogno di quei soldi per costruire la nuova nazione». Nehru pagò; ma gli estremisti indù si sentirono traditi dal Mahatma.

Ogni pomeriggio alle 17 Gandhi teneva una preghiera ecumenica, riunendo fedeli di ogni religione, alla Birla House, la casa di una ricca famiglia che lo ospitava. Il 30 gennaio aveva appuntamento con il ministro dell'Interno. La discussione si prolungò, fino a quando le due pronipoti Abha e Manu gli fecero notare che era in ritardo per la preghiera. Lui le rimproverò di non averlo avvisato per tempo, e si avviò. Di solito costeggiava il giardino, ma quel giorno per far prima tirò dritto. Tra i fiori e le piante lo attendeva un uomo vestito con un'uniforme color cachi.

Si chiamava Nathuram Vinayak Godse, ed era stato un seguace di Gandhi: aveva pagato la militanza con il carcere e la tortura sotto gli inglesi. Da bambino era stato chiamato con un nome femminile, Ramachandra, e cresciuto come una ragazza: i suoi tre fratelli erano morti, e il padre era convinto che sui figli maschi gravasse una maledizione. Dopo la Partizione era entrato nei gruppi paramilitari indù.

Il Mahatma riceveva minacce di continuo, qualche giorno prima avevano tentato di ucciderlo con una bomba, ma non aveva guardie né protezione. Pensava che il corpo fosse «un veicolo per portare idee», e le idee non correvano alcun pericolo, perché non si possono uccidere. Stava passando tra due ali di folla, quando Godse si inchinò verso di lui, con le mani giunte, dicendo: «Namasté Gandhi». Quando gli fu vicino aprì le mani, svelando una piccola pistola, una Beretta M34, e sparò tre colpi. Qualcuno sostiene che Gandhi abbia mormorato «Hé Rām», mio Dio. Di sicuro si lasciò cadere sull'erba, le mani ancora giunte con cui aveva risposto al saluto del suo assassino. Erano le 17 e 17.

Nehru parlò alla radio con voce rotta: «Amici e compagni, la luce è partita dalle nostre vite e c'è oscurità dappertutto. Non so bene cosa dirvi e come dirvelo: il nostro beneamato leader Bapu, come lo chiamavamo, il padre della nazione, non c'è più».

L'emozione popolare fu immensa. Ai funerali c'erano due milioni di persone: la bara venne portata su e giù lungo le rive del Gange perché tutti potessero intravederla almeno una volta. Le ceneri furono poste in diverse urne e sparse nei grandi fiumi del mondo: il Nilo, il Volga, anche il Tamigi, nella capitale dell'impero che lui aveva contribuito a far crollare.

Al processo l'assassino raccontò che quel vecchietto magro con gli occhiali gli faceva «ribollire il sangue» per la simpatia con cui trattava i musulmani: «Non potevo più sopportarlo». Fu impiccato, tra le proteste degli uomini più vicini alla vittima. Le idee di Gandhi hanno ispirato Martin Luther King, Nelson Mandela, Aung San Suu Kyi. Oggi sulla bandiera indiana c'è il suo arcolaio, simbolo della disobbedienza civile e della rivolta non violenta. Einstein commentò: «Un giorno si stenterà a credere che un uomo così abbia camminato su questa terra».

Mentre tutti seguivano il processo a Godse, nell'estate del 1948 la neonata India vinse la medaglia d'oro nell'hockey alle Olimpiadi di Londra, le prime dopo la guerra. La squadra indiana aveva sempre trionfato dal 1928 in avanti; ma stavolta rappresentava un Paese indipendente, non più una colonia britannica. Ovviamente la finale fu India-Inghilterra. Finì 4 a 0, e battere i vecchi padroni a casa loro fu bellissimo. Fu l'unica medaglia d'oro dell'India, che non schierò neppure una donna in nessuno sport. Come scrive Pratishtha Singh, «ancora oggi mi riempie di gioia l'idea di alcuni giovani indiani, con mille pensieri per la testa, provenienti da un Paese distrutto dai colonialisti e dalle stragi, che correndo sul suolo inglese vestiti in pantaloncini blu avevano inflitto ai loro ex dominatori una sconfitta così ignominiosa».

Londra 1948: i colombi di Wembley e il dio contadino

La guerra avrebbe potuto uccidere pure Olimpia. Era ancora vivo il ricordo dei fasti inquietanti di Berlino 1936, presagio della catastrofe imminente. I Giochi del 1940 si sarebbero dovuti tenere in Giappone, Paese criminale di guerra. De Coubertin, il rifondatore, non c'era più. Il suo erede alla guida del Comitato olimpico, conte Baillet-Latour, non era sopravvissuto alla morte in battaglia dell'unico figlio. C'erano tutte le premesse perché di Olimpiadi non si parlasse più.

Invece il mondo le voleva. Sentiva la necessità di tornare a correre, saltare, nuotare, duellare, stavolta senza morti e senza lager; anche se il villaggio olimpico era così spartano e il cibo così scarso, che la fila degli atleti per il rancio fu paragonata a quella dei prigionieri nei campi. Le squadre più ricche si portarono i viveri da casa: gli americani erano riforniti dalle fortezze volanti, che ogni giorno sbarcavano latte, burro, carne. Gli italiani avevano con sé una tonnellata di pasta e un quintale di parmigiano; ma un po' tutti, compresi i campioni, ne approfittarono per riempire la valigia di prodotti in scatola.

Londra era ferita e ansiosa di ricominciare. Il 29 luglio, 85 mila inglesi accolsero nello stadio di Wembley re Giorgio VI e la giovane figlia, la principessa Elisabetta, che già aspettava l'erede al trono, il principino Carlo. Erano le 3 del pomeriggio e c'erano 40 gradi. Il coro intonò l'Alleluja, furono liberati migliaia di colombi. Le bandiere dei 59 Paesi partecipanti si unirono a semicerchio, mentre Donald Finlay – primatista europeo dei 110 ostacoli, veterano di Los Angeles 1932, tenente colonnello della Royal Air Force, eroe di guerra – leggeva il giuramento. Aveva ormai quarant'anni, gareggiò lo stesso, era in testa alla sua batteria ma cadde rovinosamente su un ostacolo.

La Germania e il Giappone non erano invitate. L'Italia, tollerata. L'Unione Sovietica non partecipò: ufficialmente perché considerava lo sport «un mezzo per distogliere i lavoratori dalla lotta di classe e offrire loro l'addestramento per nuove guerre imperialiste»; in realtà perché non si sentiva pronta a reggere l'urto con gli americani (ma ci sarebbe stata quattro anni dopo a Helsinki). I Giochi si aprirono all'Asia: partecipavano per la prima volta Corea del Sud, Ceylon, Birmania, Pakistan, Singapore, Iran, Iraq, Siria, Libano. La Cina era rappresentata da Formosa, l'isola roccaforte dei nazionalisti che stavano perdendo la guerra civile.

Furono Olimpiadi bellissime, nel Paese che aveva inventato lo sport. L'atletica a Wembley, il calcio a Highbury, il canottaggio sul Tamigi, la vela in Cornovaglia. Il re aprì il parco di Windsor alla gara di ciclismo. Gli atleti erano 4383, di cui 468 donne, una su dieci. Mancavano campioni inghiottiti dalla guerra: come il tedesco Rudolf Harbig, primatista del mondo di 400 e 800, caduto sul fronte orientale. In sua assenza, i 400 furono dominati da due giamaicani, Arthur Wint, un gigante di un metro e 93, e il suo amico Herbert McKenley. McKenley era più forte, ma passò ai 200 nel tempo folle di 21 secondi e 4 decimi, per poi crollare nel finale e accontentarsi dell'argento.

La velocità fu dominata dagli americani, che vinsero i 100 con Harrison Dillard, un nero di Cleveland, e i 200 con Melvin Patton, un bianco di Los Angeles. Dillard era l'ostacolista più forte del mondo, ma alle selezioni era caduto e per venire a Londra si era iscritto a una gara che non era la sua; non a caso vincerà i 110 ostacoli a Helsinki.

Il mezzofondo e il fondo non erano più il regno dei finnici. Non c'erano più Nurmi e Ritola. Una generazione era stata spazzata via dal conflitto. Dei grandi resisteva solo Viljo Heino, 34 anni, che si batté eroicamente sui 10 mila contro un giovane cecoslovacco, Emil Zátopek, detto la Locomotiva umana, che Gianni Brera chiamava «ilare idiota»; ma quando al sedicesimo giro Zátopek allungò, Heino saltò nel prato e si diede sconfitto. La Finlandia vinse un solo oro, nel giavellotto, con Tapio Rautavaara, anche lui prossimo al ritiro, futuro attore di cinema.

I 1500 erano invece terreno di caccia degli svedesi, che avevano il primatista del mondo, Gunder Hägg, detto la Renna: squalificato a vita per aver preso 2 mila corone dopo un'esibizione, insieme con altri due assi, Arne Anderson e Lennart Strand. Ma Strand, pianista, raccontò di essere stato pagato per suonare anziché per correre; gli credettero, o finsero di credergli; ai Giochi fu medaglia d'argento, dietro a un altro svedese, Henry Eriksson.

Tra le donne, le stelle furono un'americana di origine filippina, Victoria Draves, medaglia d'oro nei tuffi sia dal trampolino sia dalla piattaforma, e la mitica «olandese volante»: Fanny Blankers-Koen. A Berlino nessuno si era accorto della signorina Koen: aveva 18 anni, nel salto in alto superò un metro e 55 e fu sesta. Nel frattempo aveva sposato il suo allenatore, il signor Blankers, ed era diventata mamma. La sua vita da atleta stava finendo. Ma nella maturità dei trent'anni vinse 100, 200, 80 ostacoli e 4×400. In Olanda le fecero un monumento. Lei si paragonò a Madame Curie e a Maria Montessori; in effetti per l'emancipazione femminile aveva fatto molto.

La maratona fu drammatica. Protagonista un parà belga, Étienne Gailly. Allo stadio entra per primo, stremato e disidratato dopo due ore e mezzo di corsa sotto il sole: il boato degli 80 mila spettatori, anziché aiutarlo, lo disorienta; prosegue per forza d'inerzia, cade, viene passato dall'argentino Delfo Cabrera, si rialza, cade ancora, riparte, viene superato pure dal britannico Thomas Richards, si trascina fino al traguardo: è medaglia di bronzo. Finisce in ospedale, si teme per la sua vita, ma si riprende: tornerà nell'esercito e combatterà nella guerra di Corea, dove gli amputeranno una gamba.

Il suo dramma fa rivivere agli inglesi quello di Dorando Petri, l'eroe della maratona olimpica di

Londra 1908: caduto, sorretto, squalificato. Gli organizzatori hanno pensato di invitarlo per fargli dare il via alla gara; purtroppo Petri è morto da sei anni. Viene trovato però un impostore, che si spaccia per lui: ospitato con tutti gli onori, viene scoperto e messo in galera.

Il vero eroe italiano di Londra 1948 fu un contadino veneto di Costermano, sul lago di Garda, con un fisico da statua greca e una voce in falsetto da cantante settecentesco: Adolfo Consolini, discobolo. Era enorme, fortissimo: l'immagine della potenza virile, se non fosse stato per quella vocina. Per iniziarlo allo sport lo misero su un ring contro un astuto lottatore napoletano, che lo tormentò con tutti i trucchi del mestiere. Esasperato, Consolini lo sollevò di peso e lo gettò fuori dalle corde, lasciandolo tramortito. Poi pianse, credendo di averlo ucciso: «L'ho copà, l'ho copà!».

Aveva infatti un animo mite e tremebondo, che contrastava con la sua mole. In gara pativa molto il suo rivale Giuseppe Tosi, carabiniere e corazziere, non altrettanto forzuto ma di carattere aperto, allegro, un po' sbruffone.

Tosi era amico di Consolini, anche se lo prendeva in giro. Si allenavano insieme, lanciandosi il disco da una parte all'altra di un campo di calcio, come un frisbee. Quando andò in pensione il parroco di Costermano, Consolini organizzò una sfida campestre in suo onore; vinse Tosi. All'Europeo 1946 Brera si mise in testa di «doparlo», passandogli doppia razione delle sue pillole al fosforo: Tosi andò in pedana «muggendo come un toro Miura», ma per troppa foga sbagliò gara e vinse Consolini.

A Londra piovve molto, sulla pedana zuppa ogni movimento sbagliato costava un lancio nullo. L'americano Fortune Gordien, figlio di un prestigiatore, sicuro di vincere con la facilità con cui il padre «pescava conigli dal cilindro», inanellò una serie di tentativi a vuoto; e anche Tosi faticava a far ruotare le sue gambe lunghe. Fu secondo, dietro a Consolini, che aveva il baricentro più basso, e sotto il diluvio si trovò benissimo. A Helsinki 1952 vincerà l'argento, a Melbourne 1956 sarà sesto, e a Roma 1960 con la sua vocina leggerà il giuramento dell'atleta, «squittente come fanciulla pudica nel suo poderoso torace fidiaco».

Il bilancio finale di Londra 1948 è ottimo per l'Italia: quinta nel medagliere, con otto ori, contro i tre della Gran Bretagna, Paese organizzatore. Clamorosa la vittoria del tandem Ferdinando Terruzzi-Renato Perona, che affrontano i padroni di casa Reginald Harris e Alan Bannister nella terza e decisiva prova, «mentre le ombre della sera calano già fitte sul vecchio velodromo di Herne Hill» (come scrive Stefano Jacomuzzi nella sua classica *Storia delle Olimpiadi*, Einaudi). Vincono gli azzurri per un quarto di ruota, ma gli spettatori non hanno visto nulla: vengono accese torce di carta per illuminare il tabellone; gli inglesi apprendono di essere stati sconfitti, e sprofondano nel silenzio.

L'Italia è oro nella pallanuoto, vincendo tutte le partite. Ma non riesce a difendere il trionfo di Berlino nel calcio. In panchina c'è ancora Vittorio Pozzo, per l'ultima volta, ma veniamo travolti 5 a 3 dalla Danimarca. Segnano Praest e – quattro volte – John Hansen. La Juventus li comprerà entrambi e costruirà su di loro la squadra erede del Grande Torino.

E il democratico populista vinse in rimonta

Il 1948 è anche l'anno della più incredibile campagna elettorale della storia.

Il presidente degli Stati Uniti, Harry Truman, stava arrivando alla fine del mandato in un clima di sfiducia e insoddisfazione. Era entrato alla Casa Bianca per caso, dopo la morte improvvisa di un gigante come Franklin Delano Roosevelt, spirato il 12 aprile 1945, sei mesi dopo aver vinto le elezioni per la quarta volta. Subito l'inesperto Truman – uomo delle grandi praterie, figlio di contadini del Missouri, volontario nella Grande Guerra – si era trovato a prendere decisioni terribili. La prima bomba atomica per piegare il Giappone. Lo scontro crescente con il popolarissimo generale MacArthur, che avrebbe volentieri sganciato l'atomica pure sulla Cina. L'inizio della guerra fredda contro l'impero di Stalin. La cortina di ferro in Europa e il piano Marshall. Eppure gli americani sembravano stanchi di lui.

Il partito democratico si divise, e gli schierò contro due candidati. L'ala sinistra puntò sull'idealista Henry Wallace, che predicava l'amicizia con l'Unione Sovietica. L'ala destra abbandonò la convention in polemica con le aperture di Truman ai diritti civili per i neri, e candidò il governatore della Carolina del Sud, James Strom Thurmond.

I repubblicani, che nel 1946 avevano preso il controllo del Congresso, erano certi di vincere. Il loro uomo era Thomas Dewey, governatore dello Stato di New York, che aveva fatto arrestare Lucky Luciano; il vice era il governatore della California, Earl Warren. Un ticket all'apparenza imbattibile. Infatti Dewey condusse una campagna dignitosa e tranquilla. Era privo di carisma, freddo, aristocratico, distante: badò a evitare polemiche, comportandosi come un presidente già in carica.

Truman invece si lanciò in una rincorsa folle. Percorse in treno 50 mila chilometri, più della circonferenza della Terra. Si fermò a ogni stazione, e tenne 356 comizi. Ovviamente ripeteva ovunque le stesse cose; ma l'informazione era ancora in mano a giornali e radio locali, e l'uditorio non se ne accorgeva. E poi, da figlio dell'America profonda, Truman sapeva toccare le corde dell'orgoglio e del sentimento, trovando una battuta diversa per ognuno dei luoghi in cui passava.

Fu l'ultima campagna elettorale senza tv, senza aerei, senza esperti, fondata sul fiuto e sul rapporto diretto con gli elettori. All'inizio, ad aspettare il presidente nelle stazioni non c'era quasi nessuno; poi la voce si sparse, e si cominciò a parlare di «Whistle Stop Campaign», perché il treno, invece di seguire gli itinerari consueti, si fermava al fischio della locomotiva davanti a ogni folla in attesa. Truman comiziava da un terrazzino sull'ultimo vagone, attrezzato con altoparlanti. Usava il suo stile diretto e polemico. Affrontava cose concrete: blocco dei prezzi, rilancio dell'edilizia, aiuti all'agricoltura. Arrivato al culmine dell'entusiasmo, lanciava l'appello al voto; poi il treno ripartiva fischiando, salutato dalla banda locale. Visto il successo, anche Dewey attrezzò un treno elettorale: ma il suo eloquio era forbito, magniloquente, incapace di suscitare emozioni.

Truman fu durissimo con l'avversario, arrivando a paragonarlo a Hitler. Si dipinse come l'uomo della gente comune, che aveva tutti contro: i giornali, Wall Street, la casta di Washington. Si rivolgeva alla folla in un misto di populismo e sfrontatezza, ora per blandirla, ora per scuoterla: «Sareste un branco di parassiti e di ingrati se dimenticherete ciò che il partito democratico ha fatto per voi!». Era capace di cambiare posizione in base alle convenienze: aveva dato un sì distratto al piano di mediazione dell'Onu per la Palestina, sostenuto dal segretario di Stato Marshall, che prevedeva il passaggio del deserto del Negev da Israele agli arabi; ma a dieci giorni dal voto, di fronte alle rimostranze degli ebrei newyorkesi, non esitò a proclamare che il Negev doveva restare israeliano.

Poco per volta, gli americani si affezionarono a quel presidente che aveva l'umiltà di piegarsi sul solco, e mostrava di pensare e parlare come loro. Era un'epoca in cui i democratici sapevano interpretare il popolo, mentre i repubblicani erano il partito dell'establishment, della finanza, delle grandi città, delle due coste europeizzanti. Eppure i sondaggi non colsero quel movimento sotterraneo.

Alla vigilia il margine per lo sfidante appariva talmente netto che uno dei giornali più prestigiosi d'America, il Chicago Tribune, uscì in prima edizione con un titolo definitivo: «Dewey defeats Truman», Dewey sconfigge Truman.

In effetti, i due rivali democratici del presidente lo danneggiarono, e molto. Wallace gli sottrasse voti di sinistra nello Stato di New York, nel Michigan, nel Maryland, nel Connecticut, che furono vinti dal candidato repubblicano. Thurmond conquistò tre Stati, oltre alla sua Carolina del Sud: Mississippi, Louisiana, Alabama. Ma gli operai del Nord e gli agricoltori del Mid-West, la terra di Truman, votarono in massa per lui.

Una foto bellissima lo ritrae mentre sbandiera una copia del Chicago Tribune con quel titolo azzardato, ridendo felice davanti ai sostenitori. Truman adesso era presidente non perché era morto Roosevelt, ma per proprio diritto e scelta del popolo americano; il che gli diede la forza di imporre una politica di progresso – aumento del salario minimo, estensione della previdenza sociale, piano per le case popolari – e di licenziare MacArthur. Anche se nel 1952 sarà sostituito alla Casa Bianca da un altro generale: Dwight Eisenhower.

L'impresa di Truman resta comunque nella storia di una grande democrazia. Gli americani e il mondo dovranno attendere decenni una sorpresa analoga. Nel 2008, l'anno dell'inizio della grande crisi economica, sarà eletto il primo presidente nero, Barack Obama: una svolta prevista dai sondaggi, ma ritenuta incerta sino all'ultimo. Però il vero grande choc arriverà la notte dell'8 novembre 2016: l'ingresso alla Casa Bianca di un palazzinaro, conduttore televisivo, organizzatore di Miss Universo: il grande twittatore, Donald J. Trump.

Dodici

LO SPIRITO DEL NATALE FUTURO

Oggi la fase acuta della crisi è passata. L'economia ha ripreso a crescere, anche se non ai ritmi che servirebbero per recuperare il terreno perduto. In tre anni si è creato un milione di posti: non ci sono mai stati tanti italiani al lavoro. Molti però sono poveri, perché esiste una gigantesca questione salariale: gli stipendi dei dipendenti sono fermi; gli stipendi dei precari spesso sono da fame.

Viene da pensare che la crisi non sia finita e non finirà. Che il mondo delle certezze e delle garanzie sia scomparso per sempre. Che il nostro sia il tempo della precarietà, della lotta per la sopravvivenza.

È un'idea feroce della vita, che va respinta, ma contiene un nocciolo di verità. L'Italia può essere tra i vincitori della globalizzazione, perché è la terra delle cose buone e delle cose belle, e la rivoluzione digitale è uno strumento per farle conoscere sui nuovi mercati che nel 1948 non esistevano, dal Sud America all'Oriente. Ma può anche essere tra i Paesi sconfitti, se gli anziani si rifugiano nell'egoismo della rendita e i giovani si crogiolano nell'ignavia dell'attesa.

L'esito non dipende da Trump o dalla Cina, dai padroni della rete o dai sovrani della finanza. Tutto dipende da noi.

Le cose da fare sono tantissime. Dopo la guerra le città italiane sono state ricostruite in fretta e furia, spesso con materiali scadenti. Le periferie industriali, le «coree» come si chiamavano a Milano, e gli esperimenti urbanistici segnati dall'ideologia, dal Corviale di Roma allo Zen di Palermo, richiedono un grande piano di interventi pubblici e privati: ristrutturazioni, servizi, trasporti. Cantieri, giovani al lavoro, commesse per architetti e ingegneri: ecco cosa servirebbe. Superare la cultura del No; perché lo sviluppo e il lavoro sono anche una rottura di scatole, però rappresentano l'unico modo per ricominciare a crescere. E la crescita non è mai un fatto soltanto economico, ma culturale e spirituale; a cominciare dalle scuole.

Anche la scuola italiana oggi è da ricostruire. Fisicamente: troppi istituti cadono a pezzi. E come istituzione.

In Inghilterra la scuola è un business, un affare: la principale industria del Paese, dopo la finanza. Da tutto il mondo si va a Londra e dintorni a studiare nella lingua del pianeta globale, e si pagano rette e affitti a caro prezzo.

In Germania, e un po' anche in Francia, la scuola è lo strumento di selezione delle classi dirigenti. È efficiente ma feroce. Fin da piccoli gli allievi vengono distinti tra eccellenti, meritevoli e normali. Il loro destino è legato al talento e alla capacità di studio e lavoro.

In Italia la scuola è stata pensata come il motore dell'integrazione, la fabbrica della cittadinanza. Lo Stato unitario tolse il monopolio dell'istruzione alla Chiesa e costruì un sistema pubblico, obbligatorio, gratuito. Edmondo De Amicis scrisse un libro su cui si sono formate generazioni e che ora nessuno legge più, *Cuore*, per dare ai giovani italiani una sorta di manuale, ingenuo o retorico finché si vuole, di educazione civica e patriottica.

Oggi alla scuola pubblica si crede sempre meno. Chi può manda i figli negli istituti privati, alla scuola inglese, o direttamente all'estero. Personalmente sono orgoglioso di aver studiato alla scuola pubblica dall'asilo alla maturità, e che i miei figli abbiano fatto lo stesso. Ma in questi anni si è tentato sistematicamente di distruggerla.

Il centrodestra l'ha considerata un territorio ostile, cui togliere risorse. Il centrosinistra ha regolarizzato molti precari ma ha scontentato profondamente gli insegnanti; che restano i peggio pagati d'Europa. E non li aiutano i genitori che diventano sindacalisti dei figli, inducendoli ad atteggiamenti arroganti, talora violenti.

Abbiamo il record europeo dei giovani che non studiano, non hanno lavoro, e neppure lo cercano. Ci si rassegna al destino anziché ribellarsi. Ci si abbandona a un lamento vano che non diventa mai giusta protesta. Anelli al naso, cuffiette nelle orecchie, tatuaggi dappertutto: ci sembra di non riconoscerli, i giovani italiani. Rispetto al 1948, pare una mutazione genetica. Eppure non possiamo fare a meno di amarli: sono i nostri figli, i nostri nipoti. Non dobbiamo generalizzare, né giudicare in modo superficiale. Magari ci sorprenderanno: sarebbe bellissimo. Ma ora l'emergenza educativa appare una priorità per lo Stato, le famiglie, la Chiesa.

Il segno dei nostri tempi è proprio il degrado dei rapporti umani. La cortesia è considerata una dimostrazione di debolezza, la buona educazione un orpello d'altri tempi. È il tempo dell'aggressività spicciola, delle grida nel traffico, degli insulti in rete.

Non è solo questione di buone maniere. È il rapporto tra le persone a essersi impoverito e involgarito. Nessuno si fida più di nessuno. Nessuno paga più nessuno: l'affitto, i debiti, i fornitori; persino lo Stato non paga chi gli ha fornito beni e lavoro. La frase ricorrente è «fammi causa»; tanto la magistratura non riuscirà a fare giustizia in tempo.

Ma nessuna economia può prosperare, nessuna società può essere tenuta insieme, senza la fiducia.

Questa guerra di tutti contro tutti, questi giudizi spietati su qualsiasi categoria – politici e tassisti, medici e giornalisti, docenti e poliziotti –, questa notte digitale in cui un colpevole vale un innocente, ci sta avvelenando la vita. Mentre il bello di essere italiani è anche l'umanità dei rapporti, il piacere dell'amicizia e del corteggiamento rispettoso, il gusto della conversazione e dello scherzo bonario; questo nostro essere diversi gli uni dagli altri, regione da regione, città da città, e in fondo assomigliarci per l'attaccamento alla famiglia, alla fede, alle passioni, al calcio, all'amore, alla vita.

Viene ancora voglia di rileggere le pagine di Buzzati sui Natali della Ricostruzione. Pagine forse ingenue, come i racconti edificanti di De Amicis. Buzzati sentiva il Natale con animo da fanciullino. E si chiedeva: «Tutto quell'odio degli uni contro gli altri in casa, che da sinistra va a destra e poi ritorna, tutto l'astio seminato sulla carta, nel vento e nei cuori, e qui scrupolosamente registrato, vorremmo che resti a contristare il minuscolo Gesù? E le nostre cattiverie, vanità, sporcizie, maligne parole, non è meglio farle sparire anche quelle, pur se annotate negli angolini? Il figliolo di Dio, appena nato, ne riderebbe e piangerebbe insieme». Per poi concludere: «Per quanto dirlo sia scandalo, la più grande furberia è quella di non essere furbi; perché i furbi si fabbricano palazzi di marmo rivestiti d'oro, ma alla fine avranno un conto troppo pesante da pagare. E perciò insegneremo ai nostri figli a evitare la furberia come la peste».

Il 15 marzo 1945, mentre nel Nord ancora infuriava la guerra, Eduardo De Filippo portava al teatro San Carlo *Napoli milionaria*, forse il suo capolavoro. Il protagonista, Gennaro Iovine, torna a casa dopo il conflitto e trova che la tempesta ha scompaginato tutto, vite e virtù, famiglie e valori. La moglie, Amalia, si è arricchita con la borsa nera. Il figlio, Amedeo, si è specializzato nel furto delle gomme d'auto, in combutta con un socio detto non a caso Peppe 'o Cricco. La figlia, Maria Rosaria, è rimasta incinta di un soldato americano che l'ha abbandonata. Il giorno in cui ritorna Gennaro – simbolo fin dal nome del napoletano – si festeggia il compleanno di Settebellizze, socio della moglie e forse qualcosa di più. Nessuno ha voglia di ascoltare il racconto delle sofferenze di Gennaro; tutti ripetono di continuo che la guerra è finita. Ma lui si ribella: «Vuie pazziate! 'A guerra nun è fernuta... nun è fernuto niente!».

Per gli italiani della Ricostruzione, la guerra non era davvero finita, proprio come non è finita la crisi oggi. Perché ogni generazione ha la sua guerra da combattere, la sua crisi da superare. Allora era la guerra per non avere più fame, per ricostruire le macerie materiali e morali di un Paese bombardato e invaso. Quella di oggi sarà la guerra contro la rassegnazione. Per ricostruire la fiducia in noi stessi e nell'avvenire. E sconfiggere l'idea inaccettabile che essere italiani sia una sfortuna. Potesse lo spirito del Natale futuro riportarci anche solo l'ombra dell'energia, l'eco della gioia di cui le nostre madri e i nostri padri furono capaci, appena settant'anni fa.

L'ULTIMA PAROLA

Le storie dei lettori

«Sognando la Lambretta»

Mio padre ha contribuito a ricostruire l'Italia nel dopoguerra, non ha compiuto imprese eccezionali, ma ha lavorato tantissimo, come un motore che si è avviato e ha continuato a girare sempre più veloce.

Nato nel 1924 in una famiglia quasi povera, in una casa senza bagno e senza acqua potabile, aveva cominciato a lavorare a quattordici anni, dopo aver frequentato la scuola di avviamento professionale, con impieghi saltuari. Era stato poi assunto come apprendista in un'azienda elettromeccanica di Bergamo e, con tanta voglia di imparare, faceva il «piccolo», come diceva lui, al suo caposquadra. Lavorava sui quadri elettrici industriali che l'azienda produceva, accettando orari senza fine e anche qualche «calcio nel sedere» quando il lavoro non era perfetto, perché nell'apprendere ci voleva anche sacrificio e umiltà.

Eppure la sua voglia di riscatto e la sua curiosità professionale lo hanno portato a diventare un operaio sempre più specializzato e ad accettare le trasferte, prima in Italia e poi all'estero. Non era semplice nel primo dopoguerra avere questa apertura mentale: lui non era disoccupato, avrebbe potuto accontentarsi del lavoro in città. Invece l'orgoglio, la sfida di misurarsi con proposte più impegnative e la prospettiva di uno stipendio più remunerativo per la famiglia lo hanno spinto ad accettare anche il distacco affettivo che ne derivava.

Non è stato sempre facile, ma il lavoro gli ha dato la soddisfazione di potersi permettere prima una bicicletta e poi la Lambretta, il grande sogno, simbolo di libertà e autonomia. Questa voglia di riscatto che ha sempre avuto e che ha condiviso con molti italiani di quel tempo, ha avuto terreno fertile nella speranza, divenuta poi certezza, di una vita migliore per sé, per la famiglia e per la società.

Tiziana Airoldi

«Metteva da parte come una formichina ogni lira»

Che donna la mia mamma!

Era molto bella: alta, formosa, gambe perfette, occhi scuri, sguardo intelligente. Durante il periodo della guerra, sfollata con la famiglia in una fattoria, benché giovanissima, aveva avuto diversi pretendenti, buoni partiti, ricchi o istruiti, assai ambiti, tra i quali un farmacista e il figlio del fattore. La mamma però era già innamorata di Rosteno, un giovane compaesano alto, biondo e con gli occhi azzurri, che poi è diventato mio padre.

All'inizio era tutto rose e fiori, ma, si sa, l'amore è travolgente e anche ingannevole. Il babbo possedeva una conceria e il cuoio era richiesto, purtroppo però un investimento sbagliato li ha condotti al fallimento e si sono trovati poveri in canna.

E così la mia dolce mamma è diventata dura come una pietra. Il suo lavoro di aggiuntatrice a domicilio, che già occupava tante ore della sua giornata, è stato un'occasione di riscatto, di affermazione della propria autonomia. Aggiuntava per tutto il giorno in una stanza al secondo piano senza riscaldamento, perché comprare una stufa e mantenerla con la legna o il carbone costava troppo. Risparmiava su tutto e indossava sempre i soliti vestiti, magari aggiustati dalla sorella che sapeva cucire. Le sue mani svelte hanno cucito scarpe in vacchetta per i pastori sardi, altre su misura per piedi malformati e, soprattutto, stivali per le donne. Centinaia e centinaia di donne sono state alla moda grazie al suo lavoro. Era talmente brava che le facevano cucire i campioni per le fiere di Bologna e Milano.

Le ore di sonno erano ridotte al minimo, mai una vacanza o un giorno di ferie. Spesso doveva lavorare in nero, a prezzi da fame, ma poi è stata assicurata, o così sembrava, poiché, quando è andata a ricercare i versamenti per avere la pensione, ne ha trovati ben pochi: non si sa chi glieli abbia rubati, se il padrone o l'incaricato che li doveva registrare!

Ma lei non s'intendeva di diritti sindacali e nel dopoguerra non c'era ancora coscienza di ciò per le donne. Metteva da parte come una formichina ogni lira e, giorno dopo giorno, ha accumulato il suo gruzzolo senza aver bisogno del marito, diventando autonoma nell'esercizio finanziario e nel pensiero, in questo anticipando le donne contemporanee.

Non si lamentava mai, ma le sue mani parlavano per lei: geloni e calli erano testimonianza di una vita di sacrifici. Grazie mamma!

Antonella Bertini

«Fonso, il tenditore di fili»

Bassa friulana, Visco. Mio nonno Alfonso «Fonso» Simeon, classe 1910, è il penultimo figlio di undici. Sua madre, Fiorinda, lavora giovanissima nelle piantagioni di caffè in Brasile e lì sposa Giacomo.

La loro è una grande famiglia patriarcale che, ricongiunta qui in Friuli, si ritrova poca terra da lavorare, una casa da riscattare e tante bocche da sfamare.

Quando mia nonna Norma, nel 1938, resta incinta del quarto figlio, Fonso parte per la Germania per andare a fare il bracciante. Va a raccogliere patate – «gjavà patatis», come diceva lui – ma è là che vede per la prima volta la macchina «pa fa' la ret», per fare la rete da recinzione.

Tornato a casa, la ricostruisce pezzo per pezzo. La struttura inizialmente è essenziale: il filo metallico si srotola, passa attraverso un tubo, che poi viene piegato ritmicamente con un meccanismo manuale. Non essendoci il motore per tendere il filo, Fonso prende una vacca dalla stalla e le fa tirare i lunghi fili, facendola andare avanti e indietro, fino alla piazza del paese. Intreccia metri di rete, ripiega le estremità solo con le dita, poi la arrotola e la sistema sotto il portico.

Tutta la famiglia, oltre al lavoro nei campi e alle bestie, contribuisce a questa nuova attività, c'è una grande richiesta di rete da recinzione e Fonso comincia a venderne chilometri, fino a installare sulla macchina un motore. Gli affari decollano e con i figli apre una piccola officina: tutta la famiglia è messa all'opera.

Quando il figlio maggiore Franco conclude, con sacrifici enormi, le scuole serali, è lui ad avviare la costruzione di strutture metalliche per reggere i capannoni: così l'officina s'ingrandisce e vengono assunti anche degli operai. Gli affari vanno a gonfie vele, ma la famiglia Simeon continua il lavoro nei campi che porta avanti da decenni, l'allevamento di maiali e vacche, perfino di bachi da seta.

Quando mio nonno va in pensione, l'attività dell'officina ha preso il volo: l'ha ampliata mio zio Franco e ora la portano avanti i miei cugini Laura e Marco.

Tiziana Perini

Ricostruire Firenze

I Vivaldi erano, fin dal 1880, titolari di un'importante oreficeria sul Lungarno Acciaiuoli, a Firenze, la cui clientela era sparsa in tutto il mondo. Questa aveva rappresentato un significativo polmone finanziario per la famiglia, che, dopo il fallimento delle industrie cartarie precedentemente gestite, si era ricostruita un patrimonio di tutto rispetto, del quale facevano parte sia immobili a reddito, sia edifici di grande pregio, come un terzo della storica Torre dei Consorti, prospiciente il Ponte Vecchio. Nel 1940, all'inizio della guerra, mio nonno Carlo si vide costretto a sospendere l'attività orafa per la cessazione del flusso turistico, da cui gli affari dipendevano. Nell'agosto 1944 i tedeschi in ritirata fecero saltare tutti i ponti sull'Arno, escluso il Ponte Vecchio, intorno al quale vennero però accumulate macerie a suon di mine. I nostri principali immobili si trovavano proprio in quella zona e vennero quindi distrutti o gravemente danneggiati.

Mio padre Bruno, dopo la morte di mio nonno nel 1944, ereditò una situazione davvero drammatica e in apparenza irrecuperabile. Azzerato l'utile aziendale, non percependo introiti dalle locazioni e con due terzi del patrimonio distrutti, poteva contare unicamente sulla sua professione di dottore commercialista. Nel frattempo si era sposato e nel 1946 ero nato io, così si mise all'opera con una volontà quasi sovrumana, in vista della ricostruzione. Lavorava 16 ore al giorno, compreso il sabato, anche in qualità di amministratore o sindaco di società importantissime come la Magona d'Italia, il Pignone, la Società delle Ferrovie Meridionali, la tranvia Lucca-Pescia-Monsummano e altre. In questo modo riuscì a riaprire, nel 1948, l'azienda orafa.

A parte le inevitabili ristrettezze, alla famiglia non fece mai mancare nulla, nemmeno le vacanze al mare e in campagna per me e mia madre, sebbene ci raggiungesse soltanto nella settimana di Ferragosto. In quel periodo, che ricordo come il più bello della mia vita, l'atmosfera in casa appariva serena e piena di ottimismo, fra l'osservanza puntuale delle pratiche religiose, le ricorrenze festive e i piccoli ricevimenti di bambini. Malgrado i molti sacrifici, ci aspettavamo un futuro decisamente migliore del passato e del presente.

Nel 1958 la ricostruzione dell'economia familiare poteva dirsi ultimata. Mio padre, però, pagò un altissimo scotto allo sforzo compiuto, ammalandosi di una grave patologia cardiovascolare, a causa della quale morì nel 1960.

Nello stesso periodo mio zio, Vieri Paoletti, marito della sorella di mio padre, Annamaria, amministratore delegato e comproprietario della storica casa editrice fiorentina Felice Le Monnier, danneggiata e ferma nel periodo bellico, ne riavviava con pieno successo l'attività. Tale azienda si qualificò subito sul piano nazionale per aver pubblicato molti autori di grande rilievo, fra i quali Giovanni Spadolini, a lungo presidente del suo comitato scientifico. Nel 1959 il presidente della Repubblica Giovanni Gronchi giunse a Firenze per inaugurare i nuovi stabilimenti tipografici della casa editrice, in via Scipione Ammirato. Il primo numero del quotidiano «La Nazione» comparso a Firenze dopo la Liberazione, l'11 agosto 1944, fu stampato grazie al motore della Balilla che mio padre prestò al direttore, in assenza di qualsiasi altra macchina disponibile.

Carlo Vivaldi-Forti

«Nonna Maria, una manager d'altri tempi»

Nonna Maria è nata nel 1898 ed è cresciuta in un piccolo paese vicino a Sassari in una famiglia in vista, il nonno era stato per molti anni il sindaco del paese. Aveva tre sorelle e due fratelli, di cui uno morto nella prima guerra mondiale, come accadeva in quasi tutte le famiglie all'epoca.

Ha vissuto la giovinezza con il padre, mercante di bestiame, sempre lontano da casa: esportava cavalli in Francia e soleva passare più tempo a Parigi, a cavallo nel Bois de Boulogne, che al paese con la famiglia, che lasciava spesso anche priva di mezzi. Alla sua morte, sopraggiunta in Corsica al ritorno da uno dei viaggi in terra francese, nessuno volle riportare le spoglie in paese.

Questa esperienza difficile vissuta da mia nonna Maria deve averla spinta a lottare, nella speranza, come diceva Rossella O'Hara, di non soffrire più la fame.

Giovanissima fu scelta dallo zio sacerdote, ricco possidente, come amministratrice del proprio patrimonio costituito da vasti fondi coltivati a grano. Fu così che divenne una vera e propria manager per quei tempi. Non essendoci ancora le macchine, attraversava a cavallo i possedimenti per trattare con i mezzadri e riscuotere gli affitti. Si guadagnò immediatamente il rispetto di tutti, che all'epoca non era scontato concedere a una donna giovane e sola, mostrandosi tanto abile negli affari che alla morte dello zio ereditò l'intero patrimonio e i terreni.

Si sposò in tarda età per l'uso dell'epoca, a trentacinque anni, e contro il volere della famiglia che voleva preservare il patrimonio ereditato. Si trasferì a Sassari dove, con i proventi della produzione del famoso grano di elevata qualità Cappelli, oggi molto ricercato, costruì un bel palazzo nel quartiere più bello della città, dove ancora vivono mia madre, mia zia, io e i miei due fratelli con le nostre famiglie.

Nonna Maria ha avuto due figlie che ha fatto studiare nel prestigioso liceo classico della città, quello in cui studiarono Segni, Berlinguer e Cossiga, e che si sono laureate e sposate, un grande traguardo per lei che aveva soltanto la seconda elementare.

Grazie agli sforzi di mia nonna, durante la seconda guerra mondiale, tutta la mia famiglia non dovette sopportare la fame perché possedeva le più preziose merci di scambio, il grano e l'olio, che tenevamo nascoste in soffitta per evitare la confisca.

Quello di mia nonna fu un riscatto vero, le sue capacità e il suo carattere, forgiato e messo a dura prova dalla vita, determinarono la scelta dello zio sacerdote di darle fiducia.

Oggi noi nipoti viviamo con la consapevolezza che il vero patrimonio lasciatoci da nostra nonna è questa storia di riscatto, che vogliamo tramandare alle future generazioni.

Annamaria Ajello

«Cantieri per costruire e ricostruire»

Mio padre Giovanni Calderini era un ingegnere milanese con esperienza di studio e di lavoro all'estero. Era stato per quasi due anni in Colombia, come fito-patologo, per studiare la coltivazione del caffè e al suo rientro aveva scritto un manualetto negli anni Trenta, che credo sia stata la prima pubblicazione in Italia sull'argomento. Si è sposato, ha combattuto la guerra nel reggimento Genio Guastatori, dove è stato ferito, e poi come comandante partigiano in Valsesia.

Dopo la liberazione, il maggiore americano che comandava la piazza di Novara gli affidò l'organizzazione e la successiva direzione dell'UPLMO, l'ufficio provinciale del lavoro e della massima occupazione.

Questo, per mio papà, significava lavorare per costruire e ricostruire.

Ogni volta che gli era possibile organizzava cantieri di lavoro, con i quali si riparavano strade, si costruivano o ricostruivano edifici, soprattutto scuole. Per lui, infatti, lo studio e il saper fare bene, con coscienza, il proprio lavoro rappresentavano un valore fondamentale: aveva istituito così una serie di corsi di formazione professionale per muratori, saldatori, rilegatori di libri, cuochi, a seconda delle esigenze e delle richieste, sempre in aumento, del mercato del lavoro. In quegli anni, sentivo parlare solo di ricostruzione, di come adattare o inventare strumenti per facilitare il lavoro, di come utilizzare, aggiornandole, le vecchie tecniche operative.

Non mancano, nei miei ricordi, episodi curiosi: il parroco, amico di mio papà e molto «creativo», aveva usato gli spezzoni dei tubi di ferro usati come paracarri per costruire una specie di acquedotto che portava l'acqua da una sorgente al centro dell'abitato.

La storia di mio padre è un piccolo esempio di come fosse viva la voglia di fare e lo spirito collaborativo di tutti, senza distinzioni ideologiche e politiche.

Cate Calderini

«Maronna mia, Putenza brucia, San Gerard s'appiccia»

Gerardo non ricordava se e cosa stesse sognando quella notte: al contrario, a distanza di oltre settant'anni non aveva dimenticato il rumore cupo e assordante di un'incursione aerea.

Era stato proprio quel rumore a tirare giù dal letto lui, un ragazzino di dieci anni appena, ben più cresciuto ed esperto della sua età, e sua madre, povera donna sola, vedova già a quarant'anni, invecchiata dagli stenti e dalle fatiche dei campi.

«Maronna mia, Putenza brucia, San Gerard s'appiccia» («Madonna mia, Potenza brucia, San Gerardo si sta incendiando»), diceva sua madre, guardando in direzione della cattedrale, del centro storico, del bagliore di un incendio che saliva verso il cielo, del fumo che andava a confondersi con il colore della notte.

Era la notte tra l'8 e il 9 settembre 1943: fino all'alba, Gerardo e Filomena rimasero accampati nella vigna, in quella terra che sembrava molto più accogliente e sicura di casa loro, dove non c'erano che due sedie sgangherate, un tavolo, qualche misero utensile, due brandine per riposare le ossa stanche dopo una giornata di duro lavoro nei campi. A Gerardo non erano estranei il morso della fame che attanaglia lo stomaco, né il volto duro della miseria: era abituato ai vestiti strappati e scoloriti, con tante di quelle toppe che non c'era più spazio per cucirne altre, alle scarpe che si buttavan via solo quando non ne rimaneva che la tomaia. Ma quella fu la notte più dura e lunga vissuta in quei tre anni di guerra appena trascorsi.

Il mattino seguente, di buon'ora, mentre una seconda incursione aerea avrebbe distrutto la caserma militare causando numerose vittime, andò a vedere cosa fosse rimasto della loro casetta in città, esattamente accanto alla cattedrale della quale erano stati sventrati sagrestia e stalli del coro. Nel viavai delle colonne tedesche in fuga, dei civili che evacuavano portando con sé pochi, miseri bagagli, il loro cuore fece salti di gioia nel trovare fortunosamente intatto quel piccolo grande nido in pieno centro storico. Sedici metri quadri, neanche l'ombra di una finestrella, né luce, né acqua, ma con un letto fatto di materassi di lana che facevano meno rumore di quelli riempiti con le foglie secche delle pannocchie di granoturco, scricchiolanti a ogni pur minimo movimento.

Che desolazione si respirava. Da «lu Castiedd», Castello, a «Portasaveza», Portasalsa, due noti rioni del centro storico, ai poli opposti del corso principale, tutti si stringevano nelle spalle, lamentando la triste sorte che li aveva colpiti.

Povera Potenza, della quale conosceva a memoria tutte le cuntane e coloro che vi abitavano. Città fatta di poche case ammassate al centro, abitata da ventimila o trentamila anime, molte sparpagliate nelle contrade, in campagne lontane e isolate, tanto che per venire in città a dorso di mulo si percorrevano chilometri attraverso tratturi che per due persone, l'una accanto all'altra, erano stretti.

Sul finire di quel mese di settembre le truppe canadesi piantarono le proprie tende vicino alla loro casa di campagna, in prossimità di una galleria ferroviaria, istituendovi una base della Croce Rossa.

Gerardo non aveva affatto paura di quei giovani alti e puliti, garbati e gentili: anzi era felice ed era spesso con loro durante il giorno, con la sua ingenuità e curiosità di bambino. Fu così che in quella madia dove prima chiudevano a chiave persino il pane, di farina di grano o, più spesso, di fave, incominciarono a nascondervi anche qualche scatoletta di carne, di pesce, di legumi e di biscotti, speciali e gustosi anche se non avevano la fragranza e il sapore di quelli appena sfornati dalla «zì Arcangiulina».

Quando l'infanzia se ne andò, semmai Gerardo l'avesse vissuta, iniziarono i sacrifici per risollevare una città che non aveva altro da offrire se non l'aria buona dei suoi monti e l'acqua limpida e pura delle sue sorgenti.

Oggi l'abitazione in campagna è ancora lì, accanto alla galleria ferroviaria dalla quale non sbucano più polverosi treni a vapore o cigolanti carrozze merci ma vagoni più moderni e silenziosi. Ora ci sono l'acqua, l'energia elettrica, il pavimento, le finestre, i mobili. Non c'è più la grande madre vigna, che ha cessato di produrre quando si è accorta che la malattia avrebbe impedito a Gerardo di continuare a prendersene amorevolmente cura.

Anna Maria Pusillo

«Una vita di partenze e addii»

Mia nonna Maria Raffaelli nasce a Pesaro il 23 gennaio 1906: la famiglia abita al porto, il padre è socio nella proprietà di due imbarcazioni – di una è capitano – che solcavano l'Adriatico per i commerci con l'Istria. Maria trascorre un'infanzia serena, frequenta la scuola elementare fino alla classe VI; ama lo studio ma per il padre l'istruzione non è cosa da femmine e Maria va a lavorare in filanda, come molte sue coetanee. Non aver proseguito gli studi sarà un suo grande rimpianto, per questo affronterà tanti sacrifici per consentire ai figli di conseguire un diploma.

Di indole intraprendente, Maria negli anni Venti apre un proprio laboratorio di maglieria, assume alcune dipendenti e confeziona le divise dei giovani fascisti. Il secondo fidanzato, Carlo Carlotti, è infatti di simpatie fasciste: un amore passionale, si sposano il 27 gennaio 1935 e a novembre di quell'anno nasce il primo figlio, Ottavio, che porta il nome del nonno paterno. Le difficoltà economiche, e forse lo spirito avventuriero, portano Carlo a partire volontario per l'Etiopia nell'ottobre del 1936; ritorna due anni dopo, nel dicembre 1938, e arriva un secondo figlio, Lea.

La vita coniugale di Carlo e Maria è fatta di partenze e lontananza. Alla fine del 1940 Carlo parte di nuovo, questa volta per la Grecia, da cui rientra con una medaglia di bronzo e una grave ferita. Mussolini ha iniziato l'avanzata sul fronte russo, ambizione che verrà pagata duramente da migliaia di giovani italiani, la cui sofferenza basterebbe da sola per essere antifascisti.

All'inizio dell'agosto 1942, Maria vede nuovamente partire il marito, questa volta per la Russia e poco dopo scopre di essere incinta: ha 37 anni, una terza gravidanza in tempo di guerra e in età all'epoca già considerata troppo avanzata viene vista come una colpa e una vergogna, quasi fosse una sfida. Maria pensa alle difficoltà che lei e bambini dovranno affrontare, alla mancanza di cibo e di soldi. Il parto è previsto ad aprile, ma il 17 marzo del 1943 un telegramma la informa che Carlo è morto il 23 dicembre 1942, combattendo ad Arbusova. Il dolore la scuote e partorisce prematuramente una bimba, Carla, che porta il nome del padre che non conoscerà mai.

Vedova, con tre bambini piccoli, Maria trova impiego come bidella, mentre iniziano su Pesaro i bombardamenti alleati e lo sfollamento dalla città verso l'entroterra. Maria, insieme ai tre figli e alla famiglia d'origine, si rifugia a Montegridolfo e, per paura di perdere il lavoro, ogni giorno percorre in bicicletta 50 km per raggiungere la scuola, fino al giorno in cui l'edificio viene bombardato e Maria viene estratta viva dalle macerie. Montegridolfo viene a trovarsi al centro dei violenti combattimenti lungo la Linea gotica e così la famiglia si sposta a Montescudo dove, per sfuggire ai bombardamenti, trova rifugio per otto giorni in una grotta.

Solo all'inizio del 1945 Maria rientra a Pesaro: le barche del padre non ci sono più, la *Fulvia* è stata affondata, la *Ida 2a* è stata requisita a Bari dagli Alleati. Molti rifiutano di affittare a una vedova con tre figli piccoli, solo la signora Rossetti si commuove davanti a questa donna che vuole resistere alle difficoltà e le affitta due stanze con il bagno in comune ad altri inquilini. Maria riprende il lavoro di bidella, lei che da ragazza si era sognata maestra, lotta con il proprio orgoglio e con i problemi quotidiani. Le privazioni sono molte, acquista al mercato a basso prezzo frutta, verdura e pesce ormai scartati, limita la carne. È infaticabile e risparmia su tutto per consentire ai tre figli di studiare: Ottavio diventerà ragioniere e poi funzionario di banca, Lea frequenterà la Scuola d'arte e poi l'Accademia, Carla sarà una maestra.

Patrizia Di Luca

«Che sia per il fatto che la povertà crea l'ingegno?»

Elio Betti nacque a Mercatale (FI) il 4 febbraio del 1918 da Primo, impegnato come soldato al fronte austro-ungarico nella guerra 1915-1918, dove morì di febbre spagnola, e da Maria Bedetti. Rimane orfano insieme alla sorella Giannina, di due anni più grande, che diventerà maestra. All'età di 12 anni Elio frequenta gratuitamente per poco tempo l'istituto tecnico professionale per orfani di guerra a Cividale del Friuli: quei pochi anni serviranno ad appassionarlo all'elettromeccanica e radiotecnica. Ma uno spirito libero come lui, non poteva sopportare di stare in un collegio a studiare e così, tornato a Mercatale ancora adolescente, costruisce, nei primi anni Trenta, la prima radio alimentata a batteria, montata sulla sua bicicletta con cui faceva il giro del paese. La sua abilità inventiva non si ferma: riesce a costruire con materiale di recupero una piccola trebbiatrice suscitando lo stupore dei coetanei.

Poco più che ventenne sposa Luisa Manenti e si stabilisce nell'abitato di via Nuova, aprendo sotto casa la prima officina elettromeccanica della zona in cui costruisce, riavvolgendo indotti di dinamo delle auto, piccoli alternatori, generatori di energia elettrica per abitazioni prive di luce.

Nel periodo postbellico, costruisce una piccola centrale utilizzando materiali residuati bellici, trasformando il motore che azionava il mulino Rattini in un alternatore in grado di fornire energia elettrica ai paesi di Mercatale, Sassocorvaro e Macerata Feltria, pastificio compreso: uniche località dell'entroterra pesarese ad avere elettricità dopo la distruzione di tutte le linee e della centrale in seguito ai bombardamenti.

Sul finire degli anni Quaranta e nei primissimi anni Cinquanta, Betti realizza i primi fornelli a gas a tre fuochi, messi in vendita in tutto il circondario di Mercatale e portati anche in mostra alla fiera di Milano. Il suo estro creativo lo porta a progettare l'idea rivoluzionaria del ribaltabile applicato al camion, il primo in Italia.

Per necessità di spazio e centralità, si trasferisce nel 1954 con la moglie Luisa e le figlie Marta e Rosangela, prima a Pesaro e poi a Rimini, continuando la sua attività sull'oleodinamica, costruendo diverse apparecchiature basate su tale principio. A cavallo degli anni Sessanta e Settanta, raggiunge la fama e la notorietà realizzando il meccanismo della pista mobile a ritmo di musica della celebre discoteca L'Altro Mondo di Miramare di Rimini.

Tra i suoi passatempi non disdegnava la caccia nella sua proprietà di Cacorsuc, un piccolo appezzamento di terra su di una collina con bosco ereditato dalla nonna materna. È morto il 27 ottobre 2001 a Rimini e riposa nel cimitero comunale di Mercatale.

Rosangela Betti e Adelmo Fabbri, nipote di Elio Betti

Storia di una stenodattilografa, da Nottingham a Carrara

Mia madre si chiamava Lola Zorzit, cognome derivatole dalle origini friulane di mio nonno Mario. Era nata il 5 ottobre del 1920 a Nottingham, cittadina delle Midlands nota per ben altre vicende storico-letterarie, dove i suoi genitori erano emigrati in cerca di lavoro dalla remota terra di Garfagnana, nella parte nord della Toscana. I problemi con la lingua e l'incapacità di adattarsi al nuovo paese li costringono ben presto a rientrare in patria: mia madre dunque ebbe solo i natali a Nottingham, ma, da adulta e da brava studentessa di ragioneria a Viareggio, manterrà sempre un eccezionale orecchio e fluidità nella lingua inglese, cosa che sfrutterà sin da giovane nel suo lavoro in ufficio a contatto con gli americani, liberatori dal nazifascismo, sbarcati in Toscana durante il secondo conflitto mondiale.

Mia madre è stata una gran lavoratrice. Prima di quattro fratelli, neo-diplomata si trasferisce nel 1938 a Brescia per iniziare la sua carriera come stenodattilografa. Si trova a fare i conti con le arretrate attrezzature per l'ascolto in cuffia e la battitura dei testi di quell'epoca, estremamente macchinose e difficili da utilizzare.

La sua vita di giovane donna negli anni Quaranta è attraversata e sconvolta dalla seconda guerra mondiale: la Linea gotica vicina ai luoghi di residenza e di lavoro, gli sfollamenti, la condivisione degli spazi nelle case dove si ospitano passanti, si nascondono soldati, si accolgono parenti in fuga o errabondi colpiti da quegli eventi tragici che ribaltano vite e scombinano i piani delle normali esistenze. Ma i racconti di mia madre relativi a quei tempi duri non sono mai stati totalmente bui, tutt'altro: erano gli anni della gioventù, tutte le esperienze erano vissute con intensità, gli episodi narrati negli anni a seguire con un tale affetto da fare pensare che gli animi si fortificavano e le coscienze si costruivano come i pezzi del Paese che gli uomini e le donne riuscirono a salvare e a ricostruire dopo la distruzione delle bombe e dei fucili. I legami erano forti, le famiglie numerose e matriarcali.

Mia madre aspetterà un'età già avanzata per quell'epoca, trentotto anni, per convolare a nozze con mio padre, un collega della ditta di marmi di Carrara, dove lei aveva trovato impiego negli anni Cinquanta come segretaria del direttore. La ditta era la Montecatini, un'istituzione in città, che dava da lavorare a centinaia di impiegati e aveva il controllo di buona parte delle cave di Carrara.

Altro ricordo che ho di mia madre, oltre a quello di essere stata infaticabile lavoratrice, è la sua passione per la lettura. Quanti libri leggeva! E quanti ce ne ha lasciati con i suoi «voti», le sue dediche, gli appunti. È stata una lettrice instancabile, fino all'ultimo, e l'amore per la lettura, come per il viaggio, l'ho ereditata da lei.

La sua vita da «spacca-montagne» è finita dopo quasi 85 anni, malata di Parkinson, quando ormai vedova da 5 anni, ha dovuto arrendersi a qualcosa che è riuscito lentamente e inesorabilmente a bloccare la sua energia, la sua vivacità, il suo sorriso.

Tutti coloro che l'hanno conosciuta pensano a lei come a una donna gentile, socievole e onesta. E io sono quella che sono soprattutto grazie a lei. Che era una donna speciale.

Anna Maria Salamina

Un vecchio camion per liberare il paese dalle macerie

Quando sono nata io, nel 1952, il babbo Gaspare aveva già quarant'anni, che per quel tempo non erano certo pochi per avere un figlio. Aveva tardato un po' a mettere su famiglia, impegnato com'era a trovare il suo spazio nella difficile situazione del secondo dopoguerra.

Veniva da una famiglia contadina, aveva collaborato a tirare avanti il piccolo podere già negli anni duri della Grande Guerra. Raccontava delle preoccupazioni del padre che, richiamato nell'esercito, lasciava a casa moglie e figli piccoli a cavarsela col solo aiuto di un'asina comprata in sostituzione del cavallo, troppo alto perché i bambini potessero mettergli i finimenti.

Alla fine degli anni Trenta, il babbo aveva capito che quel piccolo podere non avrebbe sfamato tutti i sei figli, aveva preso la patente e ottenuto dalla sua mamma l'aiuto necessario per acquistare a rate un vecchio camioncino per il trasporto del latte dalla centrale di Firenze alle latterie delle zone limitrofe.

Questo lavoro, ritenuto di utilità sociale, unito al fatto che aveva un figlio piccolo, gli risparmiò la chiamata alle armi e gli permise di mantenere la famiglia nei difficili momenti della guerra, resi ancora più drammatici dalla malattia e dalla morte del primo figlio.

La svolta per lui arrivò alla fine della guerra, quando, viaggiando per la città sconvolta dai bombardamenti e dal passaggio del fronte, si rese conto che quello che si apriva davanti ai suoi occhi era un mondo nuovo, con opportunità straordinarie di cambiamento e di crescita. Le strade erano invase dalle macerie, la prima cosa da fare dunque era liberarle per consentire la ricostruzione. Il suo furgone era inadeguato ma gli americani, andandosene, avevano lasciato i mezzi più vecchi e malridotti: decide di comprarne uno, sacrificando le poche finanze su cui poteva contare.

Il vecchio camion non aveva freni, le marce non entravano, guidarlo era un'impresa, ma una volta entrato in moto il mezzo viaggiava e questo bastava. Nel giro di un paio d'anni le macerie erano state rimosse e si apriva la grande opportunità della ricostruzione alla quale mio padre si dedicò con entusiasmo.

Non era istruito, aveva frequentato solo la scuola elementare ma poteva contare su requisiti fondamentali per riuscire, allora come oggi: volontà ferrea, entusiasmo, ottimismo, grande umanità. Con un primo escavatore acquistato d'occasione, costruì un'impresa per demolizioni e scavi; nel giro di pochi anni l'impresa si arricchì di macchine e operai. Lui si occupava della gestione della ditta, a manovrare ruspe ed escavatori chiamò operai che considerava collaboratori indispensabili e persone di famiglia a tutti gli effetti. In pochi anni, aiutati spesso da lui, tutti loro si costruirono case di proprietà, acquistarono un'utilitaria e misero su famiglia: il babbo ne andava orgoglioso.

I miei primi ricordi mi riportano alla metà degli anni Cinquanta, in una casa grande e solida ma non lussuosa, in quel garage in cui la sera si riponevano le macchine che necessitavano di riparazioni, in un periodo in cui il lavoro fortunatamente non mancava. Il babbo si alzava alle sei e tornava anche alle otto in estate, poco prima in inverno, ancora con l'energia necessaria per ascoltare i nostri bisogni e le nostre chiacchiere anche se il pensiero della ditta non lo lasciava mai del tutto.

Penso spesso a quanto fare impresa fosse più semplice di oggi, i governi allora incoraggiavano gli imprenditori e non li ostacolavano, come spesso è accaduto nei decenni successivi. Erano anni eroici, i progressi erano visibili e condivisibili da chi aveva buona volontà.

Nila Poli

«Costruire una casa del colore del cielo»

Avevo otto, forse nove anni ed ero a letto con la febbre, quando mamma e papà entrarono nella stanza, feci finta di dormire. In quella stanza in due letti e mezzo dormivamo tutti e sette. Caldissima in estate, d'inverno vi gelava pure la pipì che facevamo nei vasi da notte, ma quanto l'ho amata, quella casa!

Sentii mamma frugare nella penombra in un cassetto del comò. E poi fare con papà una strana conta: «Tutti qui i soldi che abbiamo?»

«Sì, nient'altro che questi. Non so come faremo a tirare avanti. È giusto che io torni in fabbrica...» «Ma come fai con cinque figli?»

«Non lo so, ma dobbiamo pur dar loro da mangiare. Cosa dici, ce la faremo?»

«Sì, coraggio, vedrai che ce la faremo. Anzi, ti prometto che un giorno avremo una casa tutta nostra.»

Parlavano sottovoce, eppure non mi sfuggì una sola parola. La guerra ci aveva tolto anche quello che non avevamo.

Così mamma tornò al vecchio cotonificio a fare i turni; papà, invece, lavorava in città in una fabbrica di manufatti di cemento armato, distante sette, otto chilometri. Non ho mai visto mio padre uscire di casa, tanto presto si svegliava per fare straordinari per aumentare la busta paga. Qualunque fosse la stagione e il tempo, andava ogni giorno avanti e indietro dal lavoro, con il pranzo del mezzogiorno nella borsa a tracolla legata alla canna della bicicletta. Se d'inverno la neve era troppo alta, si infilava ai piedi gli stivali e spingeva la bicicletta a mano.

Alcune mattina, quando era di turno, non vedevamo nemmeno la mamma, che però prima di uscire preparava la colazione per tutti, con il latte tenuto in caldo sui cerchi della stufa. Abbiamo imparato a cavarcela.

A passo di lumaca le cose presero a migliorare, si riuscivano a mettere insieme un pranzo e una cena per tutti. A quel tempo si andava a fare la spesa con il libretto, sul quale la bottegaia segnava data e importo con il lapis copiativo, si pagava il conto con l'arrivo della prima quindicina e non abbiamo mai mancato un pagamento: «Piuttosto» diceva papà «non si mangia».

Come dimenticare quella domenica mattina di fine agosto quando papà mi mise a sedere, cosa alquanto rara, sulla canna della bicicletta, diretti in paese. Ero così felice. Percorremmo il primo tratto strada, bianca di polvere, tra le rondini che stridevano alte e poi velocissime rasoterra. Le sue mani grandi sul manubrio e le mie piccole più al centro. Poi l'acciottolato del paese e la svolta a destra, oltre il ponte, verso un cancello aperto e un cortile. Papà mi presentò a un signore: «Questo è mio figlio». E rivolto a me: «E questo signore da domani sarà il tuo padrone». Era il 1952 e avevo 11 anni e mezzo. L'indomani mattina sarebbe incominciata la mia carriera di lattoniere-idraulico e da allora non ho mai più smesso di lavorare.

Mentre tornavamo verso casa la felicità aveva lasciato spazio alla tristezza. Persino le rondini sembravano scomparse: lavorare io? E la mia voglia di giocare? Le mie corse da puledrino matto?

Al termine della prima settimana di lavoro il padrone mi mise in mano un pezzo di carta, la mia prima paga, mille lire. Mille lire! Ecco, dove si nascondeva la felicità! Con quella «bandierina» in mano, letteralmente volai verso casa. E quante rondini quel giorno!

Ho promesso a me stesso di resistere al dolore e imparare, bene e in fretta, il lavoro che mi era stato assegnato nella convinzione che la libertà passava anche attraverso la dignità del lavoro.

Alla fine quella «casa tutta nostra» che i miei sognavano la costruimmo davvero, dal primo all'ultimo mattone. È stata una casa che ho amato molto, che mi ha visto bambino e poi crescere: era colorata di azzurro come il cielo.

Ancora oggi, all'ora del tramonto, una dolce malinconia mi assale, nel ricordo del ritorno a casa di papà, quando eravamo tutti riuniti attorno alla tavola per cena. Non ho nostalgia di quel tempo, solo una quieta e dolce memoria.

Perché noi, reduci dalla guerra, affamati, poveri e malvestiti cantavamo tutto il giorno e ora quel canto è sparito? Eravamo forse più felici? Più speranzosi? Non lo so. Però so che in quel modo, semplice e libero, non si canta più.

Mario Omodeo

Mio padre, Riccardo Rizzi, è nato nel 1923 a Lambrate, quando ancora non era parte di Milano, da famiglia umile e operosa; dopo essere stato a un passo dal dover partire come carrista per la Russia durante la guerra, nel 1947 entra a fare parte dell'appena nata azienda meccanica Innocenti. Infatti fu proprio in quell'anno che l'ingegnere Innocenti, grande imprenditore supportato dall'ingegnere Torre, lanciò la Lambretta con l'obiettivo di poter dare un mezzo di trasporto economico e accessibile a tutti gli italiani.

L'8 maggio 1948 la Lambretta partecipò con mio padre e Luigi Cassola alla prima gara ufficiale della Milano-Sanremo con una vittoria. Nei mesi successivi venne creata la squadra corse Innocenti con la volontà di dimostrare la forza della Lambretta che arriverà a conquistare primati mondiali di durata e resistenza prima sulla Roma-Ostia poi più volte sul circuito di Monthléry in Francia e sulla Monaco-Ingolstatd, tra il 1948 e il 1951. In più tentativi vennero conquistati e continuamente migliorati diversi record, quello dell'ora delle 48 ore, fino ai 5.000 km, prima con i piloti Rizzi, Masetti (che poi diventerà campione del mondo della classe 500 con la Gilera), Masserini Agonoa e poi con i piloti Rizzi, Masetti, Masserini, Brunori e poi anche con Ambrosini, Ferri e Poggi.

Negli stessi anni la Vespa Piaggio entra in competizione con la Lambretta e si intensificarono i lavori da ambo le parti con l'obiettivo di arrivare ad abbattere il muro dei 200 km/h che viene conquistato dalla Lambretta.

Tutto quanto sopra raccontato per ricordare come un lungimirante imprenditore, un ingegnere come Torre e un gruppo di piloti pionieri del motociclismo, tra cui mio padre, portarono la Lambretta al top dell'industria dell'epoca: un chiaro segnale della ripresa economica del dopoguerra tanto che la Lambretta dopo settant'anni rimane ancora oggi un mito.

Enzo Rizzi

«Una piccola ruota nell'ingranaggio di un paese distrutto»

Ancora bambino aveva vissuto gli anni della Grande Guerra, agli inizi della quale aveva perso in rapida successione prima il nonno e poi il padre, morti di polmonite, ed era rimasto con la madre e due sorelle, poco più grandi, a Vittorio Veneto, una città situata in zona di guerra, sulla sinistra del Piave.

Ragazzo di 13-14 anni, aveva dovuto rimboccarsi le maniche e «andare a bottega» da un artigiano locale, un lontano parente, per imparare ad aggiustare orologi. Esente dall'obbligo militare perché unico figlio maschio di madre vedova, aveva continuato a lavorare riuscendo, nel 1936, con sacrifici e impegno costante, ad aprire un suo piccolo laboratorio.

Il lavoro si stava gradualmente avviando quando il paese viene sconvolto dalla seconda guerra mondiale, che provoca un congelamento generale di tutte le attività e la concentrazione delle sue energie individuali alla ricerca di una via di sopravvivenza per sé e per la famiglia che nel frattempo si era costruito.

Alla fine della guerra, negli anni successivi al '45, la vita riprese nuovamente a scorrere, le piccole fabbriche tessili locali e i negozi preesistenti ricominciarono a funzionare, nacquero nuove attività e sotto gli impulsi vitali, che seguono le grandi catastrofi, l'economia riprese a girare sulle macerie.

Nel clima di grande fervore generale che si era creato, anche il laboratorio di orologeria riavviò l'attività, trovando nuove fonti di guadagno. Per riuscire a far quadrare il bilancio, la giornata dell'orologiaio cominciava molto presto:

dalla zona periferica in cui abitava, ogni giorno, puntualmente, raggiungeva in bicicletta il piccolo negozio in affitto. Il locale per ricevere i clienti era arredato con un lungo banco scuro e una piccola cassaforte, il retrobottega invece era uno spazio angusto, molto buio e umido, dove l'orologiaio lavorava trascorrendo la maggior parte del suo tempo: vi era posizionato un banchetto molto attrezzato per riparare i delicati meccanismi degli orologi, verso i quali, col passare del tempo, aveva sviluppato una vera e propria passione.

Il fragore e le devastazioni della guerra si allontanavano e l'orologiaio trascorreva le ore cambiando vetri, spirali e corone, controllando bilancieri, lubrificando ingranaggi, posizionando lancette, ripulendo quadranti e casse, esaminando alberi di carica, perni e viti. A mezzanotte abbassava la saracinesca e, per la fatica e lo sforzo di concentrazione, spesso non sapeva più in quale direzione volgere la bicicletta per rincasare.

Non esistevano vacanze né ferie, ma, allora, c'erano le domeniche, le passeggiate sui colli, il circolo musicale che aveva riaperto i battenti e in cui l'orologiaio andava a suonare il mandolino: si era costituita una specie di grande orchestra che si esibiva in occasione delle ricorrenze e festività locali, durante le quali la gente aveva ripreso a ballare.

Poi la settimana ripartiva. Far funzionare un orologio richiedeva esperienza, molta concentrazione e a volte ore di lavoro ma era una specie di magia, significava far scorrere di nuovo il tempo, andare avanti, aprire squarci su un futuro che si sperava fosse diverso e migliore, far girare una piccola ruota nel grande ingranaggio di un paese distrutto dalla guerra.

Con il passare del tempo, con l'apporto incessante e solidale di un'intera famiglia che si era suddivisa i compiti, il piccolo laboratorio si trasformò in un fiorente negozio di oreficeria. Il futuro faceva meno paura e sembrava carico di promesse.

A ricordo di quegli anni intensi di ripresa e di una vita dedicata al lavoro sono il banchetto in legno ancora oggi intatto, tutti gli strumenti e gli attrezzi diligentemente appesi in piccole vetrinette e il grembiule grigio da lavoro, ora steso sulla sedia. Testimone di questa storia è la bambina che sono stata e che negli anni Cinquanta, ogni sera, quando il buio scendeva nel giardino di casa, prima di addormentarsi, aspettava, spesso invano, che il padre tornasse a casa per la cena.

Luciana Della Giustina

«L'industriale divideva una fetta di salame»

L'8 settembre 1943 cadde il governo fascista e, con l'esercito ormai sciolto, il Ministero della Guerra non poteva più ritirare i bidoni da 15 litri che aveva ordinato all'azienda Ballarini durante la guerra. Si decise allora di scomporre i bidoni sfoderandoli dal panno e riutilizzando l'alluminio per realizzare nuovi articoli per la cucina.

In quell'anno, una parte dello stabilimento venne occupata, un'altra continuò la produzione di casalinghi che, in quel periodo, fu confiscata e spedita in Germania.

Durante il 1944 l'esercito tedesco si impossessò dell'intero stabilimento obbligando a svuotarlo di tutti i materiali, che vennero portati nella vecchia sede in paese.

Angelo Ballarini, con l'aiuto dei figli e degli operai, nascose quanto più poteva per evitare che tutto venisse trafugato. Con estrema fatica furono scavate dai più giovani delle profonde buche e i macchinari più pregiati e costosi vennero sotterrati nei campi adiacenti all'azienda.

Dopo la liberazione, grazie alla forte volontà nazionale di ripresa, nel giro di pochi mesi si ripristinarono le condizioni minime necessarie per rendere efficiente ciò che era stato devastato durante l'occupazione. Rimaneva invece la grave difficoltà economica per finanziare l'acquisto delle materie prime. Durante la guerra Angelo fu costretto ad attingere dalle risorse a disposizione per garantire il mantenimento della sua numerosa famiglia. È sempre vivo il ricordo del racconto della famiglia riunita a tavola che appoggiava piccoli pezzi di pane su una sola fetta di salame, per trarne un leggero sapore.

Quel periodo generò nella popolazione italiana una domanda di tutti i generi di prima necessità, in contrasto con il livello di povertà ormai generalizzato. Anche per la Ballarini risultava difficile finanziare la produzione e quindi si dovettero ricercare nuove possibili fonti di finanziamento: venne proposto ai principali clienti l'acquisto della materia prima, lasciando alla Ballarini il solo costo di trasformazione del prodotto finito.

Si dovette anche affrontare un altro grosso e costoso problema: la riorganizzazione e ricostruzione di tutto l'apparato produttivo, seriamente danneggiato. Dopo avere individuato il modello più idoneo alle esigenze delle lavorazioni e una complessa negoziazione del prezzo, Angelo firmò il contratto d'acquisto di un laminatoio. Questa scelta fu determinante per l'indirizzo della produzione verso gli articoli in alluminio. L'acquisto di questa innovativa tecnologia generò l'obsolescenza degli altri macchinari della filiera produttiva esistente. Il reparto fonderia divenne quindi inadeguato per la sua scarsa capacità produttiva e per la qualità della placca che si otteneva, e così l'azienza si concentrò sulla lavorazione del lamierino lucido e dell'alluminio.

In quel periodo si fabbricavano forme per dolci, boule per l'acqua calda, caffettiere e vennero introdotte le stoviglie rivestite di antiaderente Teflon, una vera e propria svolta verso i tempi moderni. Un altro articolo allora molto richiesto fu il bidone a spalla per il trasporto del latte: esteticamente valido e molto utile, venne utilizzato per anni fino a che i trasporti motorizzati a ruote ne sostituirono l'utilizzo. Tutti questi articoli erano sviluppati grazie a un'attenta ricerca tecnologica specifica per ciascun prodotto. Nell'individuazione delle varie forme si ricorse alla prototipazione con la creta: ci si improvvisò quindi scultori, per definire le forme e le corrette dimensioni dalle quali poi ricavare e dimensionare le attrezzature di produzione.

Nel 1953 venne a mancare Angelo, l'uomo imprenditore che diede il vero grande impulso all'azienda. La responsabilità passò così ai figli Emilio, Paolo, Sandro e Carlo, che già da alcuni anni collaboravano con lui e ne assorbirono gli insegnamenti.

Ho raccolto alcuni appunti della storia di un'azienda, la Ballarini, nata nel 1889 e gestita per cinque generazioni dalla nostra famiglia, prima di essere venduta, nel 2015, a un grosso gruppo tedesco. È una piccola ma significativa testimonianza di una famiglia che ha creduto nella possibilità di crescere, contribuendo in modo concreto alla ricostruzione e alla rinascita della nostra Italia.

Angelo Ballarini

Zia Maria, una mamma di Parghelia

1951, Parghelia, piccolo borgo calabrese. I giovani sono tutti andati a Genova per imbarcarsi come marittimi sui grandi transatlantici dell'Italian Lines, diretti a New York e a Buenos Aires. Gli anziani, dopo la rovina portata dalla seconda guerra mondiale e dal terremoto del 1905, cercano di ricoltivare le cipolle locali chiamate, per un maggiore richiamo turistico, di Tropea, anche se vengono da Parghelia. Le donne stanno a casa per amministrare le poche cose che hanno in attesa che i mariti tornino dai loro lunghi viaggi per il mondo.

A casa Chiara alleva i suoi due figli, Anna e Ignazio, ed è in attesa del terzo. Francesco, il marito, è il cambusiere della *Saturnia*, un transatlantico con due alberi e un fumaiolo, destinato a nave passeggeri, poi nave ospedaliera, dedicata al trasporto truppe durante l'ultima guerra mondiale, riconvertita in transatlantico per 1775 passeggeri. Di tanto in tanto, grazie a una trasmissione della radio pubblica italiana fa sentire la sua voce salutando i suoi cari, nominandoli uno per uno. Guai se salta qualcuno come capitò un'estate che gli sfuggì il nome dell'ultima nata Chiara, la preferita.

Quella notte terribile di novembre del 1951, quando nasce Chiara, le due nonne tentano di salvare vanamente la mamma. Il sottufficiale della *Saturnia* ben presto si risposa. La piccola neonata succhia il latte dalla nuova mamma, Maria, zia Maria, con l'appellativo con cui in alcuni paesi calabresi di chiamava la matrigna. Era una donna semplice, buona. Da papà Francesco e dalla zia Maria nascono poi due fratellastri, Domenico e Filippo. Il tempo scorre e anche papà viene a mancare.

Chiara frequenta con profitto le scuole, facendosi stimare dai presidi e vincendo continue borse di studio. La pensioncina di zia Maria è infatti troppo misera per mantenere i suoi studi. Sola prende il treno per Perugia per iscriversi all'università e si laurea in medicina. Zia Maria anche dal paesello la protegge pregando la Madonna.

Seguono le prime esperienze di lavoro come volontaria al pronto soccorso, l'attività come guardia medica, il superamento del concorso per diventare medico ospedaliero, senza trascurare gli studi di specializzazione. Poi, il matrimonio e i figli; zia Maria è sempre presente, fisicamente e non.

Fino all'aprile del 2013. In ospedale squilla ininterrottamente il telefono fin dalle prime ore del mattino. Un'infermiera stanca e assonnata per la notte passata in corsia, si rivolge a Chiara, che è diventata primario: «Al telefono chiedono di lei dalla Calabria». Chiara risponde. Zia Maria sta male. Prende immediatamente l'auto e percorre 300 chilometri per raggiungere a Parghelia zia Maria, che per lei è stata più di una mamma. Trova le donne del paese, vestite di nero, che pregano intorno a lei, che non appena vede Chiara, sorridendo, chiude gli occhi.

Pasquale Cerullo

«Luigi Pozzi, pioniere dell'industria chimica»

Mio padre Luigi Pozzi, classe 1915, partì per la guerra dopo essersi sposato nel 1940. Fece la campagna di Russia ma, caduta Stalingrado, ritornò a piedi durante la ritirata dell'esercito italiano fino al Brennero, insieme agli altri cinque sopravvissuti del proprio battaglione.

Gli venne chiesto di firmare per la RSI ma rifiutò e venne internato in un lager in Germania, a Norimberga, dove rimase sino alla fine della guerra, prima come prigioniero e poi come lavoratore.

Tornato in Italia lavorò alla società Montecatini e poi in proprio, fondando nel 1956 un opificio a Bubbiano (MI) per la rigenerazione degli oli lubrificanti esausti, la ditta Luigi Pozzi.

Fu un vero pioniere. Grazie alla sua conoscenza della chimica, capì che gli oli potevano essere riutilizzati dopo un processo di raffinazione. Andava quindi a raccogliere gli oli esausti, anticipatore di quello che diventerà anni e anni dopo il consorzio che si occupa di questa attività.

Pur non essendo iscritto a nessuna partito, partecipò alla vita pubblica, divenendo prima assessore e poi più volte sindaco del comune di Bubbiano e ricevette nel 1966 dal prefetto Mazza un'onorificenza.

La sua florida attività venne stroncata dalla morte nel 1970 della moglie Adua Dell'Orto che aveva attivamente collaborato con lui alle attività lavorative e pubbliche, cedendo infine l'opificio di Bubbiano. Continuò la sua attività come sindaco donando la nuova casa comunale in ricordo della moglie. Nel 2010, anno della sua morte, gli amministratori comunali che non lo avevano conosciuto vollero tributargli esequie pubbliche.

Luisa Pozzi

«Il valore di un uomo che ha ridato dignità ai friulani»

Anno scolastico 1954/55, scuola elementare Vittorino da Feltre di Sacile (PN). Ero in quarta elementare, il mio maestro ci ha portati a visitare una segheria di Sacile con circa venti dipendenti. Entrati nel piccolo stabilimento ci ha accolti il signor Piero Della Valentina che ci ha illustrato cosa producevano. Quello che più è rimasto impresso nella mia memoria di bambino è stata la sua visione ottimistica del futuro, la sua ambizione di creare lavoro per molti operai, come poi è avvenuto.

Classe 1906, Piero Della Valentina, dopo il servizio militare, si trasferì con i fratelli in Sardegna, dove, per conto della società elettrica sarda, diede vita a un'impresa che eseguì l'elettrificazione di quasi tutti i paesi dell'isola. Nel 1943 costituì a Sacile una piccola azienda per la lavorazione del legno su scala artigianale che gradatamente divenne un moderno complesso industriale, con quattro società e sette stabilimenti in tutta Italia per la trasformazione di tronchi di legno in manufatti. La sua produzione, orientata verso forniture di pallets e contenitori pallettizzati, manufatti in legno e imballi industriali in genere, avvolgibili, parquet e prefabbricati a uso di civile abitazione, scoraggiò l'importazione dall'estero. Durante la guerra collaborò con il genio militare per la costruzione di impianti elettrici e telefonici nelle fortificazioni lungo le coste. Fu anche membro dell'Associazione industriali di Pordenone e nel 1977 venne nominato Cavaliere del Lavoro.

Dal 1974 al 1993 anche io sono stato suo dipendente. Nel 1976 ha dimostrato tutte le sue capacità imprenditoriale e umane in occasione del terremoto del Friuli e dal nulla, in pochi giorni, ha saputo attrezzare la fabbrica per costruire migliaia di prefabbricati per i terremotati. Molti anni sono passati da quel lontano 1976, oggi capisco molto di più il valore di quest'uomo che ha dato dignità ai friulani e all'Italia intera.

Pietro Peruch

«Ma non è il vestito che hai comprato a Porta Portese?»

Mio padre, classe 1921, nel 1948 aveva ventisette anni e una vita da costruire, dal nulla.

Quella santa donna di mia nonna lavorava a servizio presso una famiglia benestante, quando si ritrovò incinta e, non avendo le risorse per crescere un figlio da sola, lo mandò in collegio per studiare, avviandolo alla vita ecclesiastica. Mio padre mi raccontava spesso uno dei pochi episodi di ribellione di quel periodo: un giorno stava raccogliendo pomodori non lontano dai binari ferroviari e cominciò a lanciarli su un treno di passaggio. Ho sempre avuto il dubbio che non fosse stata una sua idea, vista la sua indole mite, ma che fosse stato un momento di euforia collettiva: fu cacciato e rimandato a casa da sua madre che, non potendo mantenerlo, lo rispedì immediatamente in collegio.

Tuttavia qualcosa lo distolse dalla decisione di farsi prete e, a sedici anni, trovò lavoretti vari per portare soldi a casa. Lui e sua madre erano ospiti di alcuni zii in una casetta a piazza Paganica al Ghetto, ma alla morte di uno zio, titolare del contratto di affitto, furono mandati via e ospitati da altri parenti alla Garbatella.

Poi arrivò la guerra ma lui fu riformato per un problema a una gamba a seguito della poliomielite che lo colpì da bambino. Durante la guerra lavorava e vagava per la città alla ricerca dei beni primari necessari alla famiglia, si faceva chilometri a piedi per zucchero e farina.

Poi, negli anni Quaranta, fu assunto alla Società generale immobiliare come ragioniere, i conti e i numeri erano un suo talento naturale. Si occupava delle paghe degli operai, e in particolare dei fornaciai, che lavoravano a cottimo. All'epoca a Roma c'erano diverse fornaci, in particolare in quella che veniva chiamata Valle dell'Inferno, nella zona di Valle Aurelia, in piazzale degli Eroi, una zona piena di argilla dove si fabbricavano tutti i mattoni che sono serviti per costruire quei quartieri e altri.

Fare le paghe non era solo lavoro di ufficio – gli dicevano «te devi sporca' le scarpe, che stai a fa' qua dentro, me devi controlla' tutta 'sta gente». E con la gente lui riusciva sempre a stabilire un rapporto umano. Il legame che aveva con gli operai era speciale non solo perché lui era quello che dava loro la paga ogni settimana, ma perché era mosso da umanità e senso di giustizia in quello che faceva: l'azienda lo mandava anche a discutere i contratti e, con le sue qualità, riuscì a ottenere per i fornaciai ulteriori gratifiche, equiparandoli agli operai edili.

Conobbe mia madre che era appena una ragazza, molto più giovane di lui. Anche lei aveva vissuto atroci dolori per quell'età, una famiglia devastata, e probabilmente vide in mio padre un approdo sicuro e la possibilità di scappare.

Si sposarono, lui 42 anni e lei neanche 20, e nascemmo mio fratello e io, ma il matrimonio non durò a lungo. Mia madre rimpiangeva la giovinezza che le era stata strappata così chiese la separazione e poi il divorzio, più o meno quando io avevo 7-8 anni.

Fu mio padre il punto di riferimento della mia infanzia, lui che giocava con noi figli, che ci faceva il bagno, che nuotava con noi.

È stato sempre spaventato dalla fame, anche quando aveva ormai raggiunto una stabilità economica non spendeva soldi in vestiti o cose superflue, ma si preoccupava che il nostro frigorifero fosse pieno e a tavola ci fossero sempre affettati e formaggi. L'abbondanza di cibo lo tranquillizzava ma non si buttava mai via niente.

Faceva dei risparmi un vanto. Agli inizi del matrimonio, i miei genitori si trasferirono da pionieri in una zona residenziale fuori Roma, abitata allora solo da gente benestante e piloti dell'Alitalia, frequentazioni totalmente fuori da quelle a cui erano abituati. Erano i favolosi anni Sessanta. Mia madre in occasione di una festa indossava un bellissimo abito che spacciava per un Gattinoni e mio padre ingenuamente le chiese: «Ma non è quello che hai comprato a Porta Portese?». Si beccò un pestone prima di riuscire a finire la frase.

Claudia Migliorini

«Democristiani in bicicletta nella piccola Mosca»

Nel 1948 io e Luigi, che poi sarebbe diventato mio marito, eravamo impegnati nelle elezioni dove, per la prima volta, votavano tutti i cittadini, comprese le donne.

Eravamo entrambi membri dell'Azione Cattolica: io a 14 anni andavo nelle case a insegnare a votare «cros su cros» – croce su croce, il simbolo della DC – alle donne anziane, mentre Luigi affiggeva manifesti e faceva la guardia affinché i comunisti non li strappassero. Quelle elezioni furono una grande vittoria, grazie a una mobilitazione di giovani forze e al loro impegno.

In quell'anno Luigi si diplomò geometra, fu tra i nove promossi dei sessanta studenti, e andò a lavorare gratuitamente nello studio di un architetto al quale fu sempre riconoscente perché da lui imparò la professione.

Abitavamo in una frazione di Udine, distante dalla città circa cinque chilometri, e l'unico mezzo per spostarsi era la bicicletta. Udine era stata pesantemente bombardata durante la guerra perché la stazione ferroviaria era un nodo nevralgico di collegamento tra l'Italia e l'Austria; il Friuli era povero, abituato a veder emigrare, anche dopo la guerra, i suoi figli che mandavano il denaro a casa con il sogno di poter ritornare.

Nel 1952 Luigi trovò impiego nella direzione lavori della base militare di Aviano (PN) e, poiché all'epoca raggiungere Aviano era un viaggio lungo e difficoltoso, rientrava a casa solo il sabato pomeriggio e la domenica si dedicava al lavoro privato di geometra. Il lunedì mattina ripartiva in bicicletta alle 6.00 per andare a prendere il treno per Pordenone e poi, sempre in bicicletta, andava fino ad Aviano.

Nel 1954 ci sposammo e due anni dopo Luigi fu eletto consigliere comunale di Udine nella lista della DC. La città era allora curata, con negozi e giardini pubblici ben tenuti, ma le periferie erano trascurate, con illuminazione carentissima, strade non asfaltate e nessun servizio di trasporti, nettezza urbana e farmacie. Per qualsiasi necessità si doveva andare in centro, ma non essendoci alcun mezzo di trasporto, serviva la solita preziosa bicicletta.

L'attività di geometra lo impegnava molto e doveva lavorare anche la notte per completare i progetti da presentare agli uffici competenti per la loro approvazione. Non si trattava solo di piccole ristrutturazioni per portare l'acqua in casa e consentire la realizzazione dei servizi igienici, ma anche di case di un piano, con il giardinetto davanti e l'orto e il pollaio sul retro.

Il paese aveva eletto due consiglieri comunali, nelle liste della DC, che si dettero molto da fare per migliorare i servizi anche nelle periferie così trascurate e abbandonate; insistevano soprattutto per quanti versavano in ristrettezze e aiutarono tante persone a trovare casa e lavoro, a prescindere dal loro credo politico. Erano stimati e avevano relazioni amichevoli anche con gli avversari politici, nonostante il clima particolarmente rovente. Il paese era infatti chiamato «la piccola Mosca» perché il partito comunista era forte e organizzato, anche se non raggiunse mai la maggioranza elettorale: durante la guerra su 2300 abitanti ci sono stati 22 partigiani morti – a uno di loro è stata pure intitolata una via a Mosca – mentre al viceparroco, partigiano ma attivissimo democristiano, fu messa una bomba davanti alla canonica.

I consigli comunali si tenevano di sabato sera, Luigi rientrava da Aviano il pomeriggio e andava alle sedute del comune con la solita bicicletta, che restò protagonista dei suoi spostamenti fino a quando Luigi si comprò una FIAT 600 di seconda mano. Nel frattempo l'economia cominciava a risalire e molti emigrati rientravano e forti dell'esperienza maturata all'estero attivavano piccole imprese familiari.

Luigi continuava a lavorare tanto, era sempre di buon umore, disponibile con tutti; aveva la capacità di semplificare ogni cosa e il lavoro gli dava energia e carica. Avrebbe potuto arricchirsi ma non lo fece e l'esperienza acquisita con le grandi imprese con le quali aveva collaborato gli aveva radicato i princìpi dell'onestà e della legalità. Diceva sempre: «Da certe persone non si deve accettare neanche un caffè». Morì nel 2013, a 84 anni.

Purissima Cornacchini Vidussi

«Solida roccia sotto le intemperie»

Mio padre se ne è andato improvvisamente un freddo pomeriggio di gennaio del 1995.

Ha lasciato noi cinque figli soli, senza il baluardo, la roccia a cui aggrapparci, solida, che non frana sotto le intemperie. Aveva le spalle larghe, era passato attraverso un secolo lacerato da due guerre mondiali tremende.

A nove anni aveva assistito alla ritirata dei soldati austroungarici, che stanchi e curvi ritornavano a casa, portando sulle spalle il pesante fardello di una guerra che aveva sgretolato il grande Impero come un castello di carta. Gli avevano offerto un pezzo di cioccolata, che lui non aveva mai assaggiato prima. Il Trentino era diventato italiano, ma si era instaurata una dittatura. Poi la tremenda crisi del '29 che aveva messo in ginocchio la già precaria economia di sussistenza dell'Italia di quel tempo e aveva travolto le famiglie della valle, provate da sempre da una nera miseria. Anche per lui, muratore insieme al padre in proprio con qualche operaio, erano tempi difficili ma, siccome era bravo, un ingegnere gli aveva offerto un lavoro per la costruzione della strada dello Stelvio. Era partito con la sua bicicletta e gli era stata affidata una squadra di operai. Non si era perso d'animo, si era rimboccato le maniche e aveva superato quel momento difficile lavorando con intelligenza, impegno e soprattutto onestà, un valore insito e radicato nel suo animo, che niente e nessuno avrebbe mai potuto scalfire.

Ricordo che la sera, dopo una giornata trascorsa da un cantiere all'altro, seduto alla sua scrivania di noce, trascriveva le ore svolte da ciascun operaio con la sua bella calligrafia simile a quella di un professore. Conservava tutti i documenti dell'impresa in modo ordinato, suddivisi in cartelle colorate, e non perdeva mai niente.

Preparava le aste, i preventivi e i consuntivi di ogni lavoro, ordinava il materiale al telefono. Poi si recava sui cantieri, verificava che tutto procedesse in modo corretto, perché le costruzioni erano il suo campo e il suo interesse e dovevano essere fatte bene, con rigore e a regola d'arte, non voleva reclami e recriminazioni da parte dei clienti. Era ambizioso, voleva realizzare i suoi lavori al meglio, secondo un'etica e una moralità ora difficile da ritrovare. In questo modo si era conquistato la stima di molti e gli ingegneri con cui aveva collaborato avevano una certa considerazione, stime e fiducia in lui.

Costruiva case, scuole, edifici comunali, caseifici, magazzini per la frutta, fontane, strade. Mai reclami, mai controversie: quando sorgeva qualche problema con calma e serenità riusciva a districare la matassa e a risolvere le questioni.

Vigile del fuoco volontario, durante la guerra era stato mandato per cinque anni a Milano, a spegnere incendi in mezzo a bombardamenti continui.

Al ritorno si era sposato ed era ripartito da zero, con pochi operai. Nel 1947 si era iscritto alla camera di commercio, via via il lavoro aumentava e anche i dipendenti. Erano gli anni della ripresa economica e l'Italia era un cantiere: si ricostruiva dopo anni di distruzione, si lavorava alle infrastrutture del Paese: strade, ponti, acquedotti, scuole, municipi.

La sua impresa così decollò velocemente, creando lavoro per parecchi operai della zona, con i quali instaurò un rapporto di lavoro continuativo. Ciascuno conosceva bene la sua mansione, tutto avveniva sotto l'occhio attento e vigile di mio padre, che macinava chilometri da un cantiere all'altro con il suo maggiolino Volkswagen, comprato di seconda mano. Il lusso non rientrava nel suo stile di vita, improntato alla sobrietà e all'impegno nel lavoro, senza trascurare la solidarietà.

Papà non aveva realizzato grossi guadagni, non era il tipo da speculazioni, però aveva creato lavoro e aveva dato dignità ai dipendenti, che avevano potuto formare e crescere le loro famiglie, costruirsi una casa e avere la sicurezza di una pensione. Penso che questa sia stata la sua soddisfazione più grande.

Faustina Pancheri

«Un sorriso al bancone della bottega»

Mio padre Arrigo, tanto povero quanto orgoglioso di sé e della propria sfacciata sicurezza di unico maschio adorato tra quattro sorelle, odiava a tal punto la propria povertà che non esitò ad affrontare con incosciente spavalderia ogni barriera pur di affermarsi.

La sua ambizione, tanto grande quanto ostacolata dalla sua condizione, cresceva con la sua altezza, era infatti il più alto fra i coetanei e il più magro. Della sua famiglia era diventato il punto di riferimento già da ragazzo: il padre, capomastro, che capeggiava una piccola squadra di operai nella Bassa a ridosso del Po, era tornato cambiato dalla guerra.

Tra i suoi manovali c'era anche Arrigo che a quindici anni conosceva già bene il mestiere. A lui venivano lasciate le mansioni più umili e faticose, come trasportare a spalla secchi pieni di malta sulle alte scale a pioli, scendere veloce e preparare il secchio successivo, fino al tramonto. Tanta rabbia teneva nel cuore e tanta forza, allo stesso modo.

Non confidò a nessuno la decisione di frequentare le scuole serali. In bicicletta percorreva quindici chilometri ogni sera, con dignità, sopportando quel disagio che non lo avrebbe fermato a nessun costo, per guadagnarsi la licenza media. Era bello, con i capelli neri lisci e un ciuffo inaspettato che a volte gli calava sulla fronte, così magro, come gli attori americani più allampanati, ma tanto affascinanti. I denti bianchi e il sorriso malizioso gli procuravano non solo le simpatie degli amici, ma anche quelle di donne giovani e mature, che apprezzavano i suoi modi ironicamente galanti, spesso anche troppo.

Era sicuro di sé, con tanta voglia di emergere, ma in questo non venne capito dalla famiglia.

Sua madre, una donna umile e forte, sempre vestita di nero col fazzoletto a coprire la crocchia bianca sulla nuca, lavorava a giornata come bracciante in campagna e nelle famiglie benestanti durante il periodo delle grandi pulizie pasquali. Un lavoro massacrante che poche donne sopportavano. Partiva all'alba, dopo aver fatto la polenta per i suoi, e a piedi raggiungeva le grandi case dei ricchi, nel freddo pungente della brina bianchissima nel primo chiarore.

La chiamata alle armi tra i Granatieri di Sardegna di stanza in Corsica procurò ad Arrigo una leggera ferita alla schiena e la convinzione di essere molto fortunato. La sua guerra, fatta di noia, tanto tempo per pensare e sole salmastro, durò quasi due anni.

Tornato al paese, la sua voglia di cambiare si moltiplicava nelle mani più ruvide di sua madre, negli occhi vuoti di suo padre, nella miseria diffusa che appariva ancora più grande dopo la sconfitta.

Pochi mesi dopo, con indosso una giacca doppio petto più smilza sulle spalle ossute, sposò mia madre. Seguirono due figli, innumerevoli lavori persi e piccole imprese andate male così come i tentativi per cambiare, fino al momento della svolta. I miei nonni materni avevano venduto la loro attività e si erano trasferiti in una città di una regione vicina per comprare un cinema, la grande passione di mia nonna.

Qui c'era una piccola bottega che era fallita, da tempo abbandonata e fatiscente. I nonni l'avevano acquistata e, dopo molti ripensamenti, l'avevano offerta a mia madre che doveva però garantirgli un congruo affitto. La bottega riaprì ingrandita e luminosa, con le facce sorridenti dei miei genitori dietro al bancone e fu una novità per il paese: a detta delle clienti incuriosite, a colpire era la grande simpatia e competenza di quel giovane uomo che veniva dall'altra parte del Po. Sapeva il fatto suo, era del mestiere e faceva assaggiare ogni cosa gratuitamente!

Lo animavano tante idee e il duro lavoro per cambiare, reinventarsi continuamente e migliorare di anno in anno. I suoi nipoti, che hanno ereditato questa sua ultima e più importante impresa, oggi possono superare, forti del suo esempio, il peso di una nuova ricostruzione.

Giuliana Lamburghini

«Un sasso scagliato contro la miseria»

Era di Mirandola, il paese di Pico. Era nato il giorno di Ferragosto del 1914 e aveva ricevuto il nome di Balilla Paganelli. Il destino lo chiamò a una sfida: scagliare un sasso contro la miseria che imperversava nelle campagne emiliane.

Cresce in povertà con altri due fratelli, il padre per mantenere la famiglia si trasferisce in Lombardia, a Sesto San Giovanni, dove apre una fiaschetteria. Balilla lo aiuta, lavando i fiaschi e riempiendoli di vino.

Morta prima l'adorata madre e poi il padre, Balilla rimane solo, con i due fratelli a carico. Trova lavoro come operaio prima alla Pulicelli e poi alla Magneti Marelli, dove diventa attrezzista specializzato e capo reparto. Non si accontenta: lascia il posto sicuro e avvia l'attività in proprio di attrezzeria, aprendo un'officina in un piccolo capannone dismesso di Cinisello Balsamo.

Dedica anima e corpo al lavoro. Cominciano ad arrivare le commesse e l'azienda cresce, fino a occupare duecento lavoratori. L'attrezzeria Paganelli fabbrica grandi stampi per la costruzione delle automobili, di cui il mercato è in grande espansione. Tra i suoi clienti ci sono importanti case automobilistiche come la Fiat. La miseria è ormai un lontano ricordo, gli resta solo il rimpianto per i genitori e fratelli che non possono beneficiare del successo.

Balilla non ha eredi: decide con la moglie Nina di creare una fondazione che avrà per finalità la preparazione professionale dei giovani per il loro inserimento al lavoro. La Fondazione Paganelli eredita i suoi beni e si affida all'Associazione Scuole Professionali Mazzini, da cui Balilla aveva tratto le prime maestranze, per formare i giovani inclini alla meccanica.

Il 3 gennaio 1993 Balilla Paganelli muore. Il suo destino è compiuto: si è riscattato dalla miseria e ha contribuito alla ricostruzione industriale dell'Italia.

Il Comune di Cinisello Balsamo lo ha ricordato dedicandogli la piazza Balilla Paganelli, l'Italia conferendogli la commenda al merito della Repubblica. E io, che sono il suo esecutore testamentario, affido ai lettori di questo libro la sua memoria.

Francesco Ardito

FONTI

Via col vento, prima di diventare un film della Metro Goldwyn Mayer, è un libro di Margaret Mitchell, uscito in America nel 1936 e pubblicato in Italia da Mondadori.

Nel saggio di Giovanni De Luna che ho citato, *La Repubblica inquieta. L'Italia della Costituzione. 1946-1948* (Feltrinelli, 2017), ho trovato tra l'altro la circostanza dei genitori che in coda alla stazione ritrovano i figli creduti morti. La lettera di Enrica Filippini Lera è tratta dal libro di Mario Avagliano e Marco Palmieri *Gli internati militari italiani: diari e lettere dai lager nazisti, 1943-1945* (Einaudi, 2009). Avagliano e Palmieri sono specializzati nel ricostruire la storia italiana attraverso documenti inediti, rapporti dei prefetti, corrispondenze private: è il metodo usato anche nel libro che ho citato più volte, *1948. Gli italiani nell'anno della svolta* (il Mulino, 2018).

Le frequenti citazioni di Giorgio Bocca sono tratte dalla sua magistrale *Storia della Repubblica italiana dalla caduta del fascismo a oggi* (Mondadori, 1983); quelle di Indro Montanelli dal suo libro di memorie raccolte da Tiziana Abate, *Soltanto un giornalista* (Rizzoli, 2002); quelle di Dino Buzzati dalla raccolta di scritti sul Natale *Il panettone non bastò*, curata da Lorenzo Viganò, pubblicata da Mondadori nel 2004 e ora ripubblicata dal Corriere della Sera.

Per saperne di più su Coppi, Bartali e il romanzo popolare del ciclismo consiglio *Il Giro d'Italia. Una storia di passione, eroismo e fatica* (Mondadori, 2017), scritto da un irlandese che ama e conosce l'Italia, Colin O'Brien.

Per la storia granata ho consultato il libro *Il Grande Torino. Campioni per sempre,* pubblicato nel 2017 da Absolutely Free, raccolta di interventi di sedici scrittori a cura di Pietro Nardiello e Jvan Sica.

Il biografo per eccellenza di Vittorio Valletta è Piero Bairati (*Valletta,* Utet, 1983). Il ritratto di Adriano Olivetti è ripreso da *Lessico famigliare,* il capolavoro di Natalia Ginzburg pubblicato da Einaudi nel 1963. Per la storia di Enrico Mattei ho consultato in particolare la biografia già citata di Nico Perrone, *Enrico Mattei* (il Mulino, 2012). Di Luigi Einaudi consiglio la lettura dei Diari, in particolare il *Diario dell'esilio. 1943-1944,* pubblicato nel 1997 da Einaudi, e il *Diario 1945-1947* (Laterza, 1993), entrambi curati da Paolo Soddu. A Lina Merlin è dedicato un capitolo, scritto da Claudia Galimberti, di *Donne della Repubblica,* pubblicato dal Mulino nel 2016, con introduzione di Dacia Maraini. Sempre a Claudia Galimberti si deve il ritratto di Elvira Leonardi. Le altre autrici sono Paola Cioni (che ha raccontato Teresa Noce), Eliana Di Caro (Ada Gobetti), Elena Doni (Tina Anselmi, raccontata insieme con Eliana Di Caro), Lia Levi (Anna Magnani), Maria Serena Palieri (Nilde Iotti e Fausta Cialente), Francesca Sancin (Marisa Ombra e Renata Viganò), Cristiana di San Marzano (Camilla Ravera), Federica Tagliaventi (Giulia Occhini). Ho consultato in particolare il bel ritratto che Chiara Valentini ha dedicato a Teresa Mattei, dal significativo titolo «Il coraggio di dire no».

Ho trovato la lettera di Lillina, con cui si apre il capitolo «L'ascesa delle donne», e altri preziosi dettagli nel grande libro di Marta Boneschi *Santa pazienza. La storia delle donne italiane dal dopoguerra a oggi* (Mondadori, 1998). Con la stessa tecnica Marta Boneschi ha raccontato gli anni Cinquanta (*Poveri ma belli*, Mondadori 1995), gli anni Sessanta (*La grande illusio*ne, Mondadori, 1996) e i costumi sessuali degli italiani (*Senso*, Mondadori, 2000). Per le donne artiste: Germano Celant, *Carla Accardi* (Charta, 1999); Lea Vergine, *L'altra metà dell'avanguardia 1910-1940. Pittrici e scultrici nei movimenti delle avanguardie storiche* (Mazzotta, 1980).

La storia della contesa tra Anna Magnani e Ingrid Bergman è stata raccontata da Marcello Sorgi ne *Le amanti del vulcano. Bergman, Magnani, Rossellini: un triangolo di passioni nell'Italia del dopoguerra* (Rizzoli, 2010). Scienziato della politica, Sorgi si è preso il gusto di ritrovare storie del tempo della Ricostruzione, spesso ambientate in Sicilia: come *Edda Ciano e il comunista* (Rizzoli, 2009), divenuta una fiction tv, e *Le sconfitte non contano* (Rizzoli, 2013), dedicata al padre Nino.

L'episodio della visita di Dossetti a La Pira in convento mi è stato raccontato da Ettore Bernabei. Se ne parla anche nel libro che Bernabei ha scritto con Pippo Corigliano, *L'Italia del «miracolo» e del futuro* (Cantagalli, 2012). *Di Vittorio* è il titolo della biografia di Antonio Carioti, mio collega al Corriere, pubblicata dal Mulino nel 2004 nella fortunata collana sull'identità italiana, diretta da Ernesto Galli della Loggia.

Su Wanda Osiris e sulla rivista hanno scritto bellissimi articoli Gaetano Afeltra e Maurizio Costanzo. Il testo citato di Lello Garinei è stato pubblicato in cinque puntate dalla Domenica del Corriere nell'estate 1987. L'articolo di Mitì Vigliero Lami su Gilberto Govi è stato pubblicato dal Giornale il 28 aprile 1996; l'autrice cita un libro che non ho potuto consultare, *Lui, Govi* di Vito E. Petrucci, Cesare Viazzi e Francesco Leoni, pubblicato da Sagep nel 1989. La bella intervista di Alberto Macario a Carlo Vulpio, con il racconto dell'amicizia tra Erminio Macario e Totò, è stata pubblicata dal Corriere della Sera il 6 agosto 2002. Lo sfogo in dialetto milanese del padre di Rabagliati è tratto dall'articolo di Lina Coletti «Rabagliati racconta se stesso», uscito sull'Europeo il 21 marzo 1974.

Sulla proclamazione dello Stato di Israele e sul lungo conflitto in Medio Oriente il testo fondamentale è *Vittime. Storia del conflitto arabo-sionista 1881-2001*, di Benny Morris, pubblicato in Italia da Rizzoli nel 2002. *Una storia d'amore e di tenebra* di Amos Oz è edito in Italia da Feltrinelli (2015). Per ricostruire Londra 1948 ho consultato la classica *Storia delle Olimpiadi* di Stefano Jacomuzzi (Einaudi, 1974). La campagna elettorale di Harry Truman è stata raccontata da Giuseppe Mammarella in *Storia degli Stati Uniti dal 1945 a oggi*, di cui Laterza ha pubblicato una nuova edizione nel 2013, e da Maldwyn A. Jones in *Storia degli Stati Uniti d'America*, pubblicata in Italia da Bompiani nel 1992.

«Giuro che non avrò più fame»
di Aldo Cazzullo
Oscar
Mondadori Libri

Questo volume è stato stampato
presso ELCOGRAF S.p.A.
Stabilimento - Cles (TN)
Stampato in Italia. Printed in Italy